每一个人都是主角

任初轩 ◎ 编

人民日报出版社
北京

图书在版编目（CIP）数据

每一个人都是主角 / 任初轩编 . -- 北京：人民日报出版社 , 2025.2. -- ISBN 978-7-5115-8699-5

Ⅰ. D262.3

中国国家版本馆 CIP 数据核字第 20258ND943 号

书　　　名	每一个人都是主角
	MEI YIGEREN DOUSHI ZHUJIAO
编　　　者	任初轩
出 版 人	刘华新
策 划 人	欧阳辉
责任编辑	曹　腾　季　玮
版式设计	九章文化
出版发行	人民日报出版社
社　　　址	北京金台西路 2 号
邮政编码	100733
发行热线	（010）65369509　65369527　65369846　65369512
邮购热线	（010）65369530　65363527
编辑热线	（010）65369523
网　　　址	www.peopledailypress.com
经　　　销	新华书店
印　　　刷	大厂回族自治县彩虹印刷有限公司
法律顾问	北京科宇律师事务所　（010）83622312
开　　　本	710mm×1000mm　1/16
字　　　数	148 千字
印　　　张	14.25
版次印次	2025 年 3 月第 1 版　2025 年 3 月第 1 次印刷
书　　　号	ISBN 978-7-5115-8699-5
定　　　价	49.00 元

如有印装质量问题，请与本社调换，电话：（010）65369463

目 录

中国式现代化的新征程上,每一个人都是主角,每一份付出都弥足珍贵,每一束光芒都熠熠生辉

致敬每一个挺膺担当的奋斗者……………………人民日报评论员 / 003
乘着改革开放的时代大潮阔步前行………………人民日报评论员 / 006
为维护世界和平稳定注入更多正能量……………人民日报评论员 / 010
让人民过上幸福生活是头等大事…………………人民日报评论员 / 013
新征程上每一个人都是主角………………………人民日报评论员 / 016

中国式现代化是亿万人民自己的事业,人民是中国式现代化的逻辑起点和价值旨归

深刻理解和把握中国式现代化的本质要求:丰富人民精神世界
....林学启 / 021

牢牢把握中国式现代化实践要求……………………燕连福　马　璐／028

中国式现代化，民生为大……………………………张　凡／032

全面把握人的现代化的价值内涵……………………曾汉君／035

中国式现代化的本质是人的现代化……………张忠家　张卫东／039

中国式现代化的崇高追求……………………………杨金海／046

中国式现代化蕴含的独特价值观……………………陈锡喜／052

中国式现代化的五重逻辑及其价值……………刘新刚　张　军／065

人民是历史的创造者，是中国式现代化的主体

尊重人民首创精神……………………………………殷　烁／095

充分激发全体人民的主人翁精神……………………尹双红／098

突出现代化方向的人民性……………………………任　勇／101

发挥人民群众在文化建设中的主体作用……………白启鹏／104

始终坚持人民至上的价值取向………………………董振华／109

人民群众是浩瀚的力量之海和智慧之海……………李笑宇／113

对"人民群众是历史的创造者"原理的再理解……杨 谦 张婷婷 / 116

"人民是历史的创造者"的深刻马克思主义意蕴………… 邵 鹏 / 134

守住人民的心……………………………………………… 宋全浩 / 138

唯有凝心聚力、实干奋斗，才能梦想成真

靠奋斗扬起人生理想的风帆………………………… 人民日报评论部 / 143

以昂扬的精神状态推进中国式现代化………………… 禹宁瑶 / 146

在实干奋斗中实现人生价值…………………………… 吴 丹 / 149

凝聚建设中国式现代化的磅礴力量…………………… 文 军 / 152

迎着春风，实干前行…………………………………… 李 斌 / 155

靠实干奋斗使人民群众生活越来越好………………… 夏锦文 / 158

光荣属于每一个挺膺担当的奋斗者…………………… 周文文 / 161

没有捷径 唯有实干…………………………………… 楚 波 / 164

做有格局有情怀的奋斗者……………………………… 张 钧 / 167

自觉做勇于担当作为的不懈奋斗者…………………… 王宇燕 / 171

在助力国家发展中实现个人价值，在推动时代进步中展现人生风采

为奋进新征程凝心聚力	刘光明　王　强　刘　珂 / 183
凝心聚力向"新"行	石　羚 / 190
以忠诚、执着、朴实成就大写人生	王克修 / 193
当好主人翁　唱响凡人歌	李铁林 / 196
在攻坚克难中长本领、出业绩	倪明胜 / 200
让担当作为蔚然成风	谢兵良 / 203
支持青年科技人才挑大梁、当主角	于红波 / 207
激励青年书写青春华章	邓希泉 / 211
马克思主义如何理解"幸福"	靳娇娇　张丽丽 / 215
引导青年将个人发展融入国家发展	户国栋 / 220

中国式现代化的新征程上，每一个人都是主角，每一份付出都弥足珍贵，每一束光芒都熠熠生辉

致敬每一个挺膺担当的奋斗者

人民日报评论员

"一起走过春夏秋冬,一道经历风雨彩虹,一个个瞬间定格在这不平凡的一年"。告别2024年,迎来2025年,我们在时间坐标上镌刻新的奋斗足迹。

新年前夕,习近平主席发表二〇二五年新年贺词,回望令人感慨、难以忘怀的过去一年,点赞无数为梦想拼搏的劳动者、建设者、创业者,指出光荣"属于每一个挺膺担当的奋斗者",强调"中国式现代化必将在改革开放中开辟更加广阔的前景"。

关键时期、关键一年,铭记奋斗、彰显担当。

这一年,我们乱云飞渡仍从容。看外部,全球经济复苏乏力、不稳定不确定因素增多;看内部,国内需求不足,经济下行压力加大。顺利完成经济社会发展主要目标任务,中国式现代化迈出新的坚实步伐，我国经济展现出强大韧性和潜力……一年来，我们之所以取得来之不易的成绩，最根本的就在于以习近平同志为核心的党中央团结带领全党全国各族人民顶住压力、克服困难、沉着应变、综合施策，全国上下干字当头、主动作为，以挺膺担当的奋斗铺就发展向上的阶梯。

这一年，我们咬定青山不放松。中国式现代化，科技打头阵。新能源汽车年产量首次突破1000万辆，集成电路、人工智能、量子通信领域等取得重要进展，嫦娥六号、深中通道等重大成果持续涌现……一个个重要突破，见证创新驱动发展的铿锵步伐，为培育发展新质生产力注入充沛动能。无论是"从0到1"的原创性、颠覆性创新，还是"从1到100""从100到N"的科技成果转化，我们在科技高峰上留下的每一个足迹、实现的每一步跨越，都是无数科技工作者创新求变、协同攻关的结果。

这一年，我们信心十足、力量十足。中国式现代化，民生为大，让人民过上幸福生活是头等大事。天水花牛苹果、东山澳角村，见证全面推进乡村振兴带来的山乡巨变；全国基础养老金月最低标准提高20元，新开工改造城镇老旧小区5万多个，折射在发展中保障和改善民生的不懈追求；消费品以旧换新政策整体带动相关产品销售额超1万亿元，存量房贷利率批量下调惠及5000万户家庭，诠释着以改革更好造福人民的发展逻辑。想人民之所想，行人民之所嘱，为人民而奋斗，我们就拥有最坚实的依托、最强大的底气。

中国式现代化是干出来的，幸福美好生活是奋斗出来的。对于奋斗者而言,时代是最大的舞台,时间是最大的变量。"彰显了青年一代的昂扬向上、自信阳光"的体育健儿,展现新风貌的人民子弟兵,面对自然灾害冲锋在前的广大党员干部,国家勋章和国家荣誉称号获得者……他们身上集中体现了新时代生生不息的中国力量、熠熠生辉的中国精神、自信昂扬的中国形象。与时代同行、同时间赛跑,唯有笃行不怠才能创造美好未来。新征程上,每一个人都是主角,在平凡岗位上兢兢业业、锐意进取,在国家发展进步中实现个人梦想,让奋斗成为好日子的底色,汇聚起的是不可阻挡的时代洪流。

时间的意义是奋斗赋予的,时间的价值是奋斗创造的。2025年是中国式现代化建设的又一个重要年份,我们要高质量完成"十四五"规划目标任务,为实现"十五五"良好开局打牢基础。我们的每一分努力都是在为未来铺路,每向前一步都离梦想更进一步。新的一年,使命在肩,让我们共同奋斗!

《人民日报》(2025年01月01日　第02版)

乘着改革开放的时代大潮阔步前行

人民日报评论员

"党的二十届三中全会胜利召开，吹响进一步全面深化改革的号角。"在二〇二五年新年贺词中，习近平主席回望过去一年改革开放迈出的历史性步伐，强调"我们乘着改革开放的时代大潮阔步前行，中国式现代化必将在改革开放中开辟更加广阔的前景"。

改革开放，当代中国最显著的特征、最壮丽的气象。过去一年很不平凡，令人鼓舞的发展成绩，凸显重要法宝的力量。

习近平主席在新年贺词中谈到，"深中通道踏浪海天"。作为全球首个集"桥、岛、隧、水下互通"于一体的跨海集群工程，深中通道开通不到4个月累计车流量突破1000万车次。超级工程何以造就，中国速度何以实现？传统的围堤吹填工艺无法满足工期要求，就创造性提出大型深插式钢圆筒围岛方案；已有装备无法满足巨大沉管的浮运要求，世界首艘浮运安装一体船"一航津安1"横空出世。发展建设出题目，改革创新做文章。一项项新技术、新工艺，助力深中大桥安卧于伶仃洋上。激扬改革活力、创新动力，我们在不断破解难题中开辟前进的道路。

改革开放，既是国家发展的命运所系，又是人民群众的福祉所依。在当地银行普惠金融贷款的支持下，福建漳州东山县澳角村村民林文期的海马养殖逐步走上正轨，他也成为周边闻名的养殖大户；在重庆万盛经开区开精品水果店的韦玮，没想到"个转企"直接转型登记只花了1个多钟头；在湖北孝感参保并长期在山东威海居住的龚先生，受益于门诊慢特病扩围病种跨省直接结算的开通，再也不用自己垫付医药费、攒发票回原参保地报销了。一个个看得见、摸得着的变化，一份份触手可及的获得感，标注下过去一年实打实的改革红利和成效。

改革开放只有进行时，没有完成时。决胜"十四五"，阔步新征程，以高质量发展全面推进中国式现代化，必须把进一步全面深化改革作为根本动力，谱写改革开放新篇章。

爬坡过坎，尤需激扬改革精神、勇于改革攻坚。今天的中国行进到关键时期，愈进愈难、愈进愈险，而又不进则退、非进不可。靠什么闯关夺隘，靠什么一往无前？靠的就是"要登绝顶莫辞劳"的劲头，靠的就是"逢山开路，遇水架桥"的意志。发扬历史主动，写好"实践续篇""时代新篇"，我们定能为中国式现代化蓄势赋能，推动中国号巨轮行稳致远。

翻过一山再攀一峰，必须锚定改革方向、抓住改革重点。新的一年，改革发展稳定任务十分繁重。如何解决"不能消费""不愿消费""不敢消费"的难题，全方位扩大国内需求？如何消除产权保护不够完善、市场准入仍不统一等堵点，答好全国统一大市场建设的课题？如何破解部分行业"内卷式"竞争加剧，导致企业经营困难、行业陷入困境的问题？凡此，都迫切要求我们发挥经济体制改革牵引作用，善于运用科学的方法，注重各类政策和改革开放举措的协调配合，推动精准落地见效，引领高质量发展不断迈上新台阶。

向深水区挺进，需要凝聚改革智慧、汇聚改革合力。今天的改革，不是在游泳池里的熟门熟路，而是在湍急的河里找到新路。前无古人的开创性事业没有先例可循，每向前一步都是在无人区开拓，新情况新问题层出不穷，我们不能刻舟求剑、守株待兔，必须在落实好顶层设计的基础上，在实践中去大胆探索，创造可复制、可推广的新鲜经验。改革开放是亿万人民自己的事业，充分尊重基层和群众首创精神，把每一个人的智慧和力量凝聚起来，推动改革向深度和广度进军，我们将不断赢得优势和未来。

大江大河虽有冲波逆折，却总是奔涌向前。中国经济虽有一时起伏，但不改趋势向好。回望过去，我们从来都是在风雨洗礼中成长、在历经考验中壮大。面向未来，保持战略定力，以改革开放增动力、添活力,激扬敢为人先、干事创业的精气神,坚定不移办好自己的事,我们一定能全面完成经济社会发展目标任务,以高质量发展的实际成效全面推进强国建设、民族复兴伟业。

《人民日报》(2025年01月02日 第01版)

为维护世界和平稳定注入更多正能量

人民日报评论员

"当今世界变乱交织,中国作为负责任大国,积极推动全球治理变革,深化全球南方团结合作。"在二〇二五年新年贺词中,习近平主席回顾过去一年中国特色大国外交迈出的铿锵步伐,强调"中国愿同各国一道,做友好合作的践行者、文明互鉴的推动者、构建人类命运共同体的参与者,共同开创世界的美好未来"。

过去一年,一个个务实的中国主张、中国方案、中国行动,诠释着命运与共、同球共济精神,铭刻下为人类谋进步、为世界谋大同的勇毅担当。

三大主场外交,4次重要出访,130多场外事会谈会见,近百封贺信复信贺电……沉甸甸的数字记录元首外交丰硕成果。阐释"全球治理观",引领"大金砖合作",宣布支持"全球南方"合作八项举措,明确中非携手推进现代化"六大主张",习近平主席提出一系列重大理念和举措,为全球发展和治理提供方案。从斡旋缅北和平到支持阿富汗和平重建,中国积极为恢复世界和平奔走,为世界和平贡献力量。

以友为桥、以心相交,越来越多国家加入构建人类命运共同体行列中。以高质量共建"一带一路"这个实践平台观之,"从钱凯到上海"全球瞩目,这条新时代亚拉陆海新通道铺就繁荣幸福之路,这是以大联通推动大发展的成果;中欧班列累计开行突破10万列,发送货物超1100万标准箱,开行万列所需时间从最初的90个月缩短为6个月,这是高质量发展跑出的"加速度"。"言必信、行必果"的实际行动,折射"中国式现代化不是中国独善其身的现代化"的崇高追求,标注"以中国新发展为世界提供新机遇"的不懈努力。

习近平主席深刻指出:"世界百年变局加速演进,需要以宽广胸襟超越隔阂冲突,以博大情怀关照人类命运。"站在人类发展新的十字路口,各种新旧问题与复杂矛盾叠加碰撞、交织发酵,和平赤字、发展赤字、安全赤字、治理赤字不减反增。坚定不移走和平发展道路,回答"世界向何处去、人类怎么办",携手各方在时代的风浪中谋大势、担大义、行大道,这是中国作为负责任大国的坚定选择。

做友好合作的践行者,才能互利共赢。从维护全球经贸稳定,到应对气候变化、加强人工智能治理、实现可持续发展、促进绿色低碳转型……全球性挑战层出不穷,单打独斗行不通,独善其身做不到,必须开展全球行动、全球应对、全球合作。"合作不论大小,只要真诚，就会有丰硕成果。"我们将不断拓展合作领域、扩大合作范围、提升合作层次，互帮互助、互惠互利，让合作的蛋糕越做越大，让发展的力量越聚越强。

做文明互鉴的推动者，才能共同进步。"中国可以成功，其他发展中国家同样可以成功。"在二十国集团领导人里约热内卢峰会上，习近平主席向世界讲述中国脱贫历程为发展中国家带来的启示，既是治国理政经验的真诚分享，也是文明交流互鉴的生动案例。人类文明多样性是人类进步的源泉。深入践行全球文明倡议，以交流跨越隔阂、以互鉴代替冲突，在"双向奔赴"中促进各国相知相亲，定能让世界文明百花园姹紫嫣红、生机盎然。

做构建人类命运共同体的参与者，才能开创未来。全球休戚相关，人类福祸相依。乘坐在命运与共的大船上，各国人民不仅是同船人，更是一家人。各国携起手来，把"我"融入"我们"，推动建设持久和平、普遍安全、共同繁荣、开放包容、清洁美丽的世界，就能书写构建人类命运共同体新篇。

今天的中国紧密联系世界，成为动荡变革世界中的稳定力量、合作力量、进步力量，我们更加坚定"中国发展离不开世界，世界发展也需要中国"。有这样的定力和自信，并付诸持之以恒的努力，我们定能为维护世界和平稳定注入更多正能量，同世界各国一道共绘人类文明壮丽画卷。

《人民日报》（2025年01月03日　第01版）

让人民过上幸福生活是头等大事

人民日报评论员

"家事国事天下事，让人民过上幸福生活是头等大事。"在二〇二五年新年贺词中，习近平主席强调："我们要一起努力，不断提升社会建设和治理水平，持续营造和谐包容的氛围，把老百姓身边的大事小情解决好，让大家笑容更多、心里更暖。"

过去一年，习近平总书记在国内考察调研的足迹遍布12省区市和澳门特别行政区，始终心系人民群众的安危冷暖，挂念着老百姓的急难愁盼。在天津西青区辛口镇第六埠村，同村民一家人拉家常，一笔一笔算灾情损失和灾后生产发展、就业增收账；走进甘肃天水麦积区南山花牛苹果基地，看一渠洮河水"解了燃眉之急"，嘱咐"要多抓这样造福人民的工程，切实解决老百姓面临的生产生活问题"。岁月更迭，情怀如初；行程万里，人民至上。这彰显了真切炽热的人民情怀，诠释着"中国式现代化，民生为大"的不懈追求。

翻开过去一年沉甸甸的民生"成绩单"，有实打实的改革红利，有精准施策的务实举措，有可感可及的发展实惠。得益于普惠托育服务体系建设，湖南长沙居民郑思远不到一岁的孩子有社区托育照顾，家里的负担减轻了许多；受益于紧密型县域医疗共同体建设，突发脑卒中的福建安溪县张大爷能够就近治疗、在线诊断，享受到更加快捷优质的医疗服务。基础养老金提高了，房贷利率下调了，以旧换新让消费者得实惠，全国跨省异地就医直接结算惠及参保群众上亿人次……一桩桩一件件，夯实民生之基，厚植人民福祉，提升发展温度，擦亮价值底色。

习近平主席强调："家家户户都盼着孩子能有好的教育，老人能有好的养老服务，年轻人能有更多发展机会。这些朴实的愿望，就是对美好生活的向往。"中国式现代化，以人民为中心，以实现人的自由全面发展为最终目标，以人民满意不满意为评价标准。牢记"让人民过上幸福生活是头等大事"，多推出一些群众所急、所需、所盼的改革举措，多办一些惠民生、暖民心、顺民意的实事，才能让改革发展成果更多更公平惠及全体人民。

民生既连着家事，也连着国事，是民心所向，也是发展所需。全面把握发展和民生的辩证关系，加大保障和改善民生力度，不仅能更好满足人民群众多样化、高品质生活需求，增强人民群众获得感幸福感安全感，也能更好释放国内市场需求潜力。党的二十届三中全会《决定》提出完善收入分配和就业制度、健全社会保障体系、增强基本公共服务均衡性和可及性等举措。把这些改革举措落地落实，必须坚持问需、问计于民，注重从老百姓急难愁盼中找准改革发力点和突破口，推动民生工作件件有着落、事事有回音，让老百姓看到变化、得到实惠。

做好民生工作，既要用心用情用力，也要耐心细心精心。外部环境不利影响加深、内部经济运行面临挑战，如何落实好帮扶政策，确保不发生规模性返贫致贫，持续推动中低收入群体增收致富？就业是最基本的民生，事关人民群众切身利益，如何把重点领域、重点行业、城乡基层和中小微企业就业支持计划实施好，促进重点群体就业？面对人口老龄化程度加深，如何扩大普惠养老服务覆盖面，不断提高养老服务供给水平？凡此，都需要我们扛起责任、创新思路、奋发有为，把各项民生实事办到群众心坎上。

幸福生活不会从天而降，而是要靠实干奋斗创造出来。"十四五"规划收官之年，改革发展稳定任务十分繁重。既锚定现代化方向的人民性，从人民群众的朴素愿望中找到工作着力点，又坚持干字当头，看准了就抓紧干，干一件成一件，定能在高质量发展中不断增进民生福祉，托起亿万人民"稳稳的幸福"。

《人民日报》（2025年01月04日　第01版）

新征程上每一个人都是主角

人民日报评论员

"梦虽遥，追则能达；愿虽艰，持则可圆。"在二〇二五年新年贺词中，习近平主席深刻指出："中国式现代化的新征程上，每一个人都是主角，每一份付出都弥足珍贵，每一束光芒都熠熠生辉。"

中国式现代化是亿万人民自己的事业，人民是中国式现代化的逻辑起点和价值旨归。习近平主席在新年贺词中指出："绿色低碳发展纵深推进，美丽中国画卷徐徐铺展。"塔克拉玛干沙漠实现3046公里生态屏障全面锁边"合龙"；清洁能源供热，让青藏高原上近20万群众住上"暖房子"；城市建成区绿化覆盖率提高到42.69%，市民在家门口就能享有"诗和远方"。从启动全国温室气体自愿减排交易市场，到新能源乘用车国内月度零售销量首次超过传统燃油乘用车，再到绿色低碳的生活方式蔚然成风……生态文明建设取得丰硕成果，人民群众既是参与者、见证者，又是获得者、受益者。坚持全体人民共同参与、共同建设、共同享有，中国式现代化成为人民对美好生活的向往所在，成为不断增进民生福祉、实现共同富裕的必由之路。亿万人民不断焕发出强烈的主人翁精神，在党的坚强领导下和衷共济、共襄大业。

人民是历史的创造者，是中国式现代化的主体。"每一个人都是主角"的鲜明论断，揭示的正是中国发展进步的内在逻辑。大国工匠张连钢，是山东港口集团全自动化码头建设创新团队的带头人，以"拼命干不一定干好，不拼命干肯定干不好"的精神带领团队实现软硬件设备全部国产化，并把相关技术推广到共建"一带一路"国家。北京延庆区八达岭镇石峡村80岁的村民梅景田，是全国近7000名长城保护员中的一分子，他们所守护的不仅是文化遗产，更是一份精神的薪火相传。尊重人民群众主体地位和首创精神，把人民群众中蕴藏的智慧和力量汇聚起来，把全社会创新创造潜能充分激发出来，中国式现代化就拥有最坚实的根基、最深厚的力量。

当前，处在中国式现代化建设的关键时期，摆在我们面前的是更加艰巨繁重的改革发展稳定任务，是"绕不开、躲不过"的沟沟坎坎。我们所要创造的复兴伟业，不是风平浪静下的马到成功，不是鲜花掌声中的坐享其成。唯有凝心聚力、实干奋斗，才能梦想成真。在机遇面前主动出击，在困难面前迎难而上，在风险面前积极应对，呼唤中华儿女做挺膺担当的奋斗者、创新发展的开拓者。

"我们共同造就了超级工程，超级工程也让我们拥有了人生的高

每一个人都是主角

光时刻",这是参与深中通道建设的工程师的切身感悟。中国式现代化建设,干事创业的舞台更加广阔,实现梦想的前景无比光明。无论是在嫦娥探月等重大工程中,年轻科技工作者脱颖而出、勇挑重担,还是在推进乡村全面振兴的火热实践中,一大批返乡创业者成长为致富带头人,抑或是在产业结构转型升级的发展跃升中,无数技能人才凭借精湛技艺实现人生出彩……把个人的理想追求融入党和国家事业之中,志存高远、脚踏实地,我们就能在助力国家发展中实现个人价值,在推动时代进步中展现人生风采。

从历史深处澎湃而来,向着民族复兴奔涌而去,中国式现代化已经展开壮美画卷,呈现出光明灿烂的前景。新的画卷需要我们共同描绘,新的历史需要我们共同开创。我们要更加紧密地团结在以习近平同志为核心的党中央周围,勇担时代重任,增强主角意识,满腔热忱投入中国式现代化建设中,用汗水和奋斗创造更加美好的未来。我们相信,新征程上,每一个主角向前迈出的每一步,叠加起来就是不可阻挡的发展之势,每一份拼搏奋斗都将汇聚成昂扬奋进的时代洪流!

《人民日报》(2025年01月05日 第01版)

序

中国式现代化是亿万人民自己的事业，人民是中国式现代化的逻辑起点和价值旨归

深刻理解和把握中国式现代化的本质要求：丰富人民精神世界

林学启

中国式现代化是强国建设、民族复兴的康庄大道。习近平总书记所作的党的二十大报告将"丰富人民精神世界"作为中国式现代化的本质要求之一。丰富人民精神世界这一本质要求，彰显我们党坚持以人民为中心的发展思想，强调精神文明和精神力量对于中国式现代化的重要意义，为我们把精神文明建设贯穿推进和拓展中国式现代化全过程、融入社会生活各方面指明了前进方向、提供了根本遵循。

丰富人民精神世界是推进和拓展中国式现代化的必然要求

强大的物质基础和人的物质生活资料的丰富是现代化的题中应有之义，但如果人只追求物质享受、没有健康的精神追求和丰富的精神生活，就会成为社会学家描述的那种"单向度的人"。习近平总书记指出："物质富足、精神富有是社会主义现代化的根本要求。"中国式现代化展现了不同于西方现代化模式的新图景，其中的一个重要方面就是我们在促进物的全面丰富的同时，也在促进人的全面发展。推进和拓展中国式现代化，必然要求丰富人民精神世界。

以中国式现代化全面推进中华民族伟大复兴的内在需要。一个民族的复兴需要强大的物质力量，也需要强大的精神力量。习近平总书记指出："实现中国梦，是物质文明和精神文明比翼双飞的发展过程""没有文化的繁荣兴盛，就没有中华民族伟大复兴"。历史和实践证明，一个国家和民族要自立于世界民族之林，必须有先进文化的积极引领、人民精神世界的极大丰富和民族精神力量的不断增强。中国特色社会主义文化积淀着中华民族最深层的精神追求，代表着中华民族独特的精神标识，是中国人民胜利前行的强大精神力量。在全面建设社会主义现代化国家新征程上，能否发展好面向现代化、面向世界、面向未来的，民族的科学的大众的社会主义文化，能否丰富人民精神世界以提供强大精神力量，关乎民族复兴大业成败。党的十八大以来，我们党把人民对美好生活的向往作为奋斗目标。美好生活既包括物质生活，也包括精神生活。人民群众物质生活和精神生活的协调发展，在新时代不断取得新进展。丰富人民精神世界，是人民对美好生活向往的内在体现、基本向度，是标注中国式现代化水平的关键要素。只有不断丰富人民精神世界，才能以中国式现代化全面推进中华民族伟大复兴。

实现人的全面发展的必然要求。人民是历史的创造者，是推进现代化最坚实的根基、最深厚的力量。习近平总书记指出："现代化的最终目标是实现人自由而全面的发展。"人类社会发展到一定阶段，必然要求人们精神生活更加丰富和精神素质大幅提升。精神富有既是人类文明发展的必然产物，也是推动社会文明进步的必要途径。中国式现代化是中国共产党领导的社会主义现代化，中国共产党的最高理想和最终目标是实现共产主义，而共产主义就是要实现人的自由而全面的发展。因此，在中国共产党领导下建设的社会主义现代化强国，不仅要在物质上强，更要在精神上强。我们推进和拓展的中国式现代化始终把促进人的全面发展作为目标指向，将物质文明的发展与精神文明的进步统一起来。中国式现代化是摒弃了西方物质主义膨胀的现代化，展现了现代化的另一幅图景，是既见物又见人的现代化。将丰富人民精神世界作为中国式现代化的本质要求之一，既体现人民精神富足的内涵和要求，也揭示实现人民精神富足的方式和途径，更是实现人的全面发展的必然要求。

新时代文化建设取得历史性成就、发生历史性变革，为新征程上丰富人民精神世界奠定了坚实基础

党的十八大以来，以习近平同志为核心的党中央在领导党和人民推进治国理政的实践中，把文化建设摆在全局工作的重要位置。我国文化建设在正本清源、守正创新中取得历史性成就、发生历史性变革，全党全国各族人民的文化自信明显增强、精神面貌更加奋发昂扬，全社会凝聚力和向心力极大提升，为新征程上丰富人民精神世界奠定了坚实基础。

丰富人民精神世界有了科学指南。在人民精神世界中，思想理论具有精神奠基和方向统领的导航作用。马克思主义是我们立党立国、兴党兴国的根本指导思想。在一百多年的奋斗征程中，我们党在不断推进马克思主义中国化时代化的同时，也注重以党的创新理论武装全党、教育人民。在推进新时代中国特色社会主义伟大实践中创立的习近平新时代中国特色社会主义思想，是当代中国马克思主义、二十一世纪马克思主义，是中华文化和中国精神的时代精华，开辟了马克思主义中国化时代化新境界。这一重要思想不但是全党全国人民为实现中华民族伟大复兴而奋斗的行动指南，而且是为人民所喜爱、所认同、所拥有的理论，是指导人民认识世界和改造世界的强大思想武器，是新征程上丰富人民精神世界的科学指南。

丰富人民精神世界有了更高起点。党的十八大以来，以习近平

同志为核心的党中央把文化建设提升到一个新的历史高度,把文化自信和道路自信、理论自信、制度自信并列为中国特色社会主义"四个自信",把坚持马克思主义在意识形态领域指导地位的制度确立为中国特色社会主义制度体系的一项根本制度,把坚持社会主义核心价值体系纳入新时代坚持和发展中国特色社会主义的基本方略。同时,在推进中国特色社会主义伟大事业中,我们党把文化建设作为统筹推进"五位一体"总体布局、协调推进"四个全面"战略布局的重要内容,作为推动高质量发展的重要支点,作为满足人民日益增长的美好生活需要的重要因素,作为战胜前进道路上各种风险挑战的重要力量源泉。精神文明建设是文化建设的重要组成部分,正是因为文化建设达到了新的历史高度,中国式现代化要实现的人民精神世界更加丰富才有了更高起点。

丰富人民精神世界有了充沛养分。中华优秀传统文化是中华文明的智慧结晶和精华所在,是中华民族的根和魂。中华优秀传统文化蕴含的思想观念、人文精神、道德规范是我们中国人思想和精神的内核,不论过去还是现在,都有其永不褪色的价值。党的十八大以来,以习近平同志为核心的党中央强调中华优秀传统文化是中华民族的突出优势,是我们在世界文化激荡中站稳脚跟的根基,要求我们必须结合新的时代条件把中华优秀传统文化传承和弘扬好。新时代十年,中华优秀传统文化得到创造性转化、创新性发展,同社会主义社会更相适应,中国精神、中国价值、中国力量也得以更好构筑。焕发新的生命力的中华优秀传统文化,为新征程上丰富人民精神世界提供了充沛养分。

在推进和拓展中国式现代化的历史进程中不断丰富人民精神世界

丰富人民精神世界不仅是重大理论课题，也是具有鲜明时代指向的实践课题。在推进和拓展中国式现代化的历史进程中，我们要围绕举旗帜、聚民心、育新人、兴文化、展形象大力推进社会主义文化强国建设，不断丰富人民精神世界。

坚持固本培元。中国特色社会主义文化是激励全党全国各族人民奋勇前进的强大精神力量，源自中华民族五千多年文明历史所孕育的中华优秀传统文化，熔铸于党领导人民在革命、建设、改革中创造的革命文化和社会主义先进文化，植根于中国特色社会主义伟大实践。在推进和拓展中国式现代化的历史进程中，我们要坚持以习近平新时代中国特色社会主义思想为指导，坚守中华文化立场，推动中华优秀传统文化创造性转化、创新性发展，继承革命文化，发展社会主义先进文化，不忘本来、吸收外来、面向未来，不断培育和创造新时代中国特色社会主义文化，为人民提供精神指引。

坚持守正创新。守正才能不迷失方向、不犯颠覆性错误，创新才能把握时代、引领时代。在推进和拓展中国式现代化的历史进程中，我们要坚持中国特色社会主义文化发展道路不动摇，以守正创新的正气和锐气赓续历史文脉、谱写当代华章，使新时代中国特色社会主义文化与人民群众的精神世界相融相通，并以其特有的价值追求和人文关怀不断丰富人民精神世界。

坚持凝魂聚气。核心价值观承载着一个民族、一个国家的精神追求，体现着一个社会评判是非曲直的价值标准。在推进和拓展中国式现代化的历史进程中，要把培育和践行社会主义核心价值观作为凝魂聚气、强基固本的基础工程，作为一项根本任务，使之像空气一样无处不在、无时不有，成为全体人民的共同价值追求，成为我们生而为中国人的独特精神支柱，成为百姓日用而不觉的行为准则，弘扬中国精神、彰显中国价值、凝聚中国力量，从而不断丰富人民精神世界。

坚持提升品质。丰富人民精神世界需要现实的物质载体。满足人民日益增长的高品质文化产品和服务需要，必须不断提升文化产品和服务的档次与质量。在推进和拓展中国式现代化的历史进程中，要着力提升文化产品的品质质量、审美趣味和精神境界，健全现代公共文化服务体系，不断提高公共文化服务水平。同时注意文化赋能，提升文化产业整体品质，推出更多增强人民精神力量的优秀作品，不断满足人民群众多方面、多层次、多样性的精神文化需求。

《人民日报》（2023年07月28日　第09版）

牢牢把握中国式现代化实践要求

燕连福　马　璐

习近平总书记指出:"党的二十大报告明确概括了中国式现代化5个方面的中国特色,深刻揭示了中国式现代化的科学内涵。这既是理论概括,也是实践要求"。我们要坚持以习近平新时代中国特色社会主义思想为指导,牢牢把握中国式现代化的实践要求,以中国式现代化全面推进强国建设、民族复兴伟业。

进一步凝心聚力、团结奋斗,推动实现人口规模巨大的现代化。中国14亿多人口整体迈入现代化,这是人类历史上规模最大的现代化,艰巨性和复杂性前所未有。这就需要进一步凝心聚力、团结奋斗,凝聚起14亿多中国人民勇往直前、无坚不摧的强大力量。我们要激发广大人民群众的积极性和主动性,用好超大规模人口所带来的充足人力资源优势和我国超大规模市场优势,形成14亿多中国人民投身于现代化建设、共同创造幸福美好生活的强大合力。庞大的人口规模要求我们想问题、作决策、办事情首先要考虑人口基数问题,考虑我国城乡区域发展水平差异大等实际,保持历史耐心,坚持稳中求进、循序渐进。

守好现代化建设的出发点和落脚点,推动实现全体人民共同富裕的现代化。全体人民共同富裕的现代化是中国式现代化的本质特征,也是区别于西方现代化的显著标志。我们要守好现代化建设的出发点和落脚点,不断实现人民对美好生活的向往。要完整、准确、全面贯彻新发展理念,牢牢把握高质量发展这个首要任务和构建新发展格局这个战略任务,加快建设现代化经济体系,着力提高全要素生产率,推动经济实现质的有效提升和量的合理增长。要在推进中国式现代化进程中不断完善分配制度,通过合理的制度安排把"蛋糕"分好,解决好地区差距、城乡差距、收入差距问题,让现代化建设成果更多更公平惠及全体人民。

促进物的全面丰富和人的全面发展,推动实现物质文明和精神文明相协调的现代化。既要物质富足,也要精神富有,是中国式现代化的崇高追求。要正确处理物质文明和精神文明的关系,促进物的全面丰富和人的全面发展。在物质文明建设方面,要立足我国仍处于并将长期处于社会主义初级阶段这个基本国情,坚持发展是党执政兴国的第一要务,着力推动高质量发展,解决好发展不平衡不充分问题。在精神文明建设方面，要顺应人民日益增长的精神文化需求，建设具有强大凝聚力和引领力的社会主义意识形态，培育和弘扬社会主义核心价值观，发展社会主义先进文化，不断丰富人民精神世界，提高全社会文明程度，让全体人民始终拥有团结奋斗的思想基础、开拓进取的主动精神、健康向上的价值追求。

坚持可持续发展，推动实现人与自然和谐共生的现代化。人与自然是生命共同体，生态环境没有替代品，用之不觉、失之难存。我们要站在中华民族永续发展根本大计的高度，推动实现人与自然和谐共生的现代化。要坚持节约优先、保护优先、自然恢复为主的方针，坚定不移走生产发展、生活富裕、生态良好的文明发展道路。要牢固树立和切实践行绿水青山就是金山银山的理念，坚持山水林田湖草沙一体化保护和系统治理，统筹产业结构调整、污染治理、生态保护、应对气候变化，协同推进降碳、减污、扩绿、增长，推进生态优先、节约集约、绿色低碳发展。特别是要动员全社会力量推进生态文明建设，共建美丽中国，以高品质的生态环境支撑高质量发展。

坚定站在人类文明进步的一边，推动实现走和平发展道路的现代化。坚持和平发展，在坚定维护世界和平与发展中谋求自身发展，又以自身发展更好维护世界和平与发展，推动构建人类命运共同体，是中国式现代化的突出特征。我们要坚定站在人类文明进步的一边，高举和平、发展、合作、共赢旗帜,弘扬和平、发展、公平、正义、民主、自由的全人类共同价值,以中国式现代化建设为人类社会携手应对共同挑战作出新贡献。积极参与全球治理体系改革和建设,践行真正的多边主义,以中国式现代化新发展为增进人类共同福祉作出更大贡献。

《人民日报》(2024年01月03日 第09版)

中国式现代化，民生为大

张 凡

擘画发展"大棋局"，惦念民生"冷暖事"。近日，习近平总书记在重庆考察时，来到九龙坡区谢家湾街道民主村社区，察看小区改造和便民服务情况，听取提升基层治理效能、为基层减负情况介绍。习近平总书记指出"老旧小区改造是城市更新的一个重点，也是一项民生工程，既要保留历史记忆和特色风貌，又要解决居民关切的实际问题"，强调"中国式现代化，民生为大"。

现代化的本质是人的现代化，推进中国式现代化，锚定的是人民对美好生活的向往。"党和政府的一切工作，都是为了老百姓过上更加幸福的生活"，必须坚持在发展中保障和改善民生。

民主村社区从传统"老破小"蝶变为网红"打卡地"，就是生动见证。曾经，小区内配套不足、功能缺失、交通拥堵、环境脏乱，居民生活面临诸多不便。如今，老旧楼栋穿上了"新衣"，管线"蜘蛛网"都下了地，原来坑坑洼洼的道路变得平整干净，党群服务中心、社区会客厅等一应俱全，新建的社区食堂十几元就能吃饱吃好……补齐设施短板、完善社区功能、提升居住品质，老街巷在新时代成为居民的新家园。

发展向前，民生向暖。加强城镇老旧小区改造和保障性住房供给，更多家庭实现住有所居、住有安居；提高"一老一小"个人所得税专项附加扣除标准，6600多万纳税人受益；叠加降价和医保报销，2023年协议期内谈判药为患者减负超2000亿元……从衣食住行，到改革发展，我们聚焦"民之所盼"，为增进民生福祉而务实笃行，一点一滴创造人们的美好生活，充分彰显以人民为中心的价值理念。

发展和民生相互牵动、互为条件。发展是为了民生，民生又连着内需、连着发展，惠民生也是抓经济、促发展。

在海拔高、气压低、沸点低的西藏，人们做饭普遍面临"一口锅"的烦恼：常见的压力锅不是为高海拔地区设计的，烹饪压力不足，"米饭夹生，肉煮不烂都是常有的事！"为了解决"锅不趁手"问题，西藏相关部门协同行动，推动研制出了适合高原群众使用的新款高压锅。一口"高原锅"，解决了民生难题，小炊具还"烹"出大产业，带动了新型高原炊具产业的发展。如今，已有约50万个西藏家庭用上了本地生产的高原炊具。

这启示我们：持续不断改善民生，不仅能为群众纾解难点，还能挖掘新的经济增长点。要善于从群众期盼中找准切入点，紧贴民生推动经济社会发展,为解决民生问题投入更多的财力物力,每年办一些民生实事,不断增强人民群众的获得感幸福感安全感,实现发展和民生有效对接、良性循环,让发展更有温度、民生保障更可持续。

"现代化不仅要看纸面上的指标数据,更要看人民的幸福安康。"前进道路上,把人民至上的价值理念、"时时放心不下"的责任担当落实到为民造福的具体行动上,推动经济发展和民生保障取得更大成效,我们一定能实现全体人民共同富裕的现代化。

《人民日报》(2024年04月27日 第04版)

全面把握人的现代化的价值内涵

曾汉君

党领导和依靠人民不懈探索中国式现代化道路的历史经验表明，考察一个社会现代化实现程度的高低，不仅需要以客体发展的程度来界定，还需以主体的提升程度来确定。中国式现代化是亿万人民自己的事业，人民是中国式现代化的主体。习近平总书记指出，"我们坚持把实现人民对美好生活的向往作为现代化建设的出发点和落脚点"，"现代化道路最终能否走得通、行得稳，关键要看是否坚持以人民为中心"。这些重要论述体现了我们党对中国式现代化的规律性认识，也从历史经验和历史规律的角度指向中国式现代化的本质——人的现代化。

对中国式现代化而言，人民是推进中国式现代化的动力主体，人的现代化是实现中国式现代化的根本目的，体现了中国式现代化创造主体和价值主体的内在统一。现代化的本质是人的现代化，中国式现代化的最终目标是实现人自由而全面的发展。改革开放以来，特别是新时代全面深化改革的宝贵经验告诉我们，必须始终坚持以人民为中心。这是推进全面深化改革必须坚持的一项重大原则。"中国式现代化"是"中国特色社会主义"与"现代化"的内在统一，指明了中国特色社会主义发展的方向和目标。"以人民为中心"的"中国式现代化"，是立足中国现实，以中国人民现实需要和对美好生活的愿景为价值目标展开的现代化实践。美好生活不是抽象的，而是具体的，是主体对物质富足、精神富有等的现实规定。正是在党的领导下，一代代艰苦奋斗的中国人民改造世界、改变自身生存境遇的鲜活实践，才成功开辟和推进中国式现代化道路，才取得了现代化建设的伟大成就。党的十八大以来，以习近平同志为核心的党中央坚持以人民为中心的发展思想，立足中国式现代化发展的具体实际，通过一系列原创性思想、变革性实践、突破性进展和标志性成果，不断增强人民群众的获得感、幸福感、安全感，组织实施了人类历史上规模最大、力度最强、惠及人口最多的脱贫攻坚战，书写了人类减贫史上的奇迹，为全面建成小康社会作出了重要贡献。如期全面建成小康社会、打赢脱贫攻坚战，使中华民族伟大复兴向前迈出新的一大步，实现了从大幅落后于时代到大踏步赶上时代的新跨越，推动党和国家事业取得历史性成就、发生历史性变革。正是由于我们党始终坚持以人民为中心，着力激发广大人民群众的主人翁意识，才能激发全体中华儿女心往一处想、劲往一处使的强大合力，使我国仅用几十年时间就走完发达国家几百年走过的工业化历程，创造了经济快速发展和社会长期稳定两大奇迹。

人的现代化代表着人自身发展的方向和方式，也标示中国式现代化的进步程度和结果。人的现代化是人的价值观念、行为模式、思维方式、情感意向等由传统向现代的转型，是作为主体的人在现时代掌握和占有客体世界的发展水平，表征人的自我发展的提升程度。中国式现代化是人口规模巨大的现代化，中国式现代化的成功实现将使14亿多人口整体迈入现代化社会，规模超过现有发达国家人口的总和，将极大改变现代化的世界版图。这是人类历史上规模最大的现代化，也是难度最大的现代化。在这样一个现实条件下实现人的现代化，必须考虑到人的现代化是一个复杂的动态化图景，是一个不断实践、不断完善的过程，这就要求个体在实现自身现代化的过程中，以实现中国式现代化为己任，通过参与物质生产生活实践，不断进行自我反思与自我创造，树立起与社会共同进步的价值目标，从而推动中国式现代化行稳致远。

人是社会主义现代化建设的参与者和推动者。中国共产党的根基在人民、力量在人民、血脉在人民。只有把人的现代化作为价值追求，紧紧依靠人民，尊重人民创造精神，汇集全体人民的智慧和力量，才能推动中国式现代化不断向前发展。将现代化的关注点置于人自身，体现了现代化的价值追求，彰显了人在社会变革中的主体地位。离开"现实的人"，不可能实现真正意义上的人的现代化。而要实现这一目标，作为历史与文化存在的人及其现代化程度，便是中国式现代化发展和实现的主体依托。正因如此，我们党始终坚持党的群众路线，想问题、作决策、办事情注重把准人民脉搏、回应人民关切、体现人民愿望、增进人民福祉，推动中国式现代化建设成果更多更公平惠及全体人民，引导和激励人民以主人翁精神满怀热忱地投入现代化建设中来。

伟大的事业唯有依靠人的伟大创造。习近平总书记强调，"75年来，我国发展取得伟大历史性成就。现在，全党全国人民正在奋力推进中国式现代化，我们要更加团结、更加努力，大家一起加油干，创造新的更大辉煌"。以中国式现代化全面推进中华民族伟大复兴，归根到底是要使人的本质力量获得更深层次的拓展，使人朝着自由自觉的实践活动的终极目标不断前进。

《光明日报》（2025年01月16日　第06版）

中国式现代化的本质是人的现代化

张忠家　张卫东

习近平总书记指出,"现代化的本质是人的现代化"。这一重要论断对于我们深入系统理解中国式现代化理论、推进新征程上的现代化实践,具有重要意义。中国式现代化理论与实践的探索历程,进一步拓展了马克思主义关于人的全面发展理论。中国共产党领导的中国式现代化,实现了对西方现代化模式的历史性超越,充分彰显了以人民为中心的发展思想。

以人本逻辑超越资本逻辑

拉长历史镜头,可以看出现代化是一个动态的历史过程。肇始于西方的资本主义现代化,曾对人类文明进步作出巨大贡献。这在很大程度上导致在相当长的历史时期，人们把现代化与西方化相提并论。从根本上说，资本主义现代化的底层驱动力是资本逻辑。所谓资本逻辑，具体而言就是指资本存在、运行、作用、发展的规律和趋势。资本主义社会是资本驱动下的社会，资本主义现代化是资本驱动下的现代化。资本逻辑宰制的西方现代化模式，导致贫富两极分化、物质主义膨胀、对外扩张掠夺。在资本主义社会，人与物的关系产生了颠倒，不是人支配物，而是物支配人。回顾资本主义发展史不难发现，西方现代化的本质就是资本全球化的历史。

中国式现代化打破了"现代化＝西方化"的迷思，展现了现代化的另一幅图景。党的十八大以来，我们党进一步深化对中国式现代化的内涵和本质的认识，概括形成中国式现代化的中国特色、本质要求和重大原则，初步构建中国式现代化的理论体系，深刻揭示了以人民为中心这个贯穿中国式现代化理论与实践的根本价值取向。超越西方现代化模式的资本逻辑，中国式现代化的本质是人的现代化，体现了人本逻辑。

中国式现代化是中国共产党领导的社会主义现代化。人民性是马克思主义的本质属性。始终同人民在一起，为人民利益而奋斗，是马克思主义政党同其他政党的根本区别。我们党是人民的党，除了国家、民族、人民的利益，没有任何自己的特殊利益，从来不代表任何利益集团、任何权势团体、任何特权阶层的利益。不谋私利才能善谋大利，从党的性质和根本宗旨出发，从人民根本利益出发，全心全意为人民服务。中国式现代化坚持以人民为中心，将资本逻辑塑造的物统治人的关系纠正过来。基于人口规模巨大的现实国情推进现代化，使14亿多人口整体迈入现代化社会，将彻底改写现代化的世界版图；追求全体人民共同富裕，坚持把实现人民对美好生活的向往作为现代化建设的出发点和落脚点，坚决防止两极分化，致力于消灭剥削和压迫；强调人与自然和谐共生，打破西方现代化资本逻辑塑造的人与自然的对立关系；坚定不移地走和平发展的道路，始终是世界和平的建设者、全球发展的贡献者和国际秩序的维护者，超越以实力抗衡为基础的丛林法则、霸权秩序，摒弃你输我赢、你死我活的零和逻辑。通过重构人与物的关系、人与人的关系、人与自然的关系，中国式现代化实现了以人本逻辑对资本逻辑的超越。

坚持以人民为中心的发展思想

习近平总书记指出，"为什么人的问题，是检验一个政党、一个政权性质的试金石"。人民立场是马克思主义政党的根本政治立场。带领人民创造幸福生活，是我们党始终不渝的奋斗目标。中国式现代化是中国共产党领导的社会主义现代化，之所以走得通、行得稳，关键在于坚持以人民为中心，把造福人民作为现代化发展的方向。

坚持以人民为中心的发展思想，坚持发展为了人民、发展依靠人民、发展成果由人民共享。中国共产党始终代表最广大人民根本利益，始终坚持人民至上，始终坚持全心全意为人民服务的根本宗旨。我们党来自人民、植根人民，所有的奋斗都是为了人民、造福人民。民之所盼，政之所向。我们党干革命、搞建设、抓改革，都是为人民谋利益，都是为了让人民过上幸福生活。人民对美好生活的向往是中国共产党的奋斗目标，也是中国式现代化最根本的价值追求。

进入新时代，人民对美好生活的向往更加强烈。党的十八大以来，以习近平同志为核心的党中央坚持以人民为中心的发展思想，把让人民群众过上更加美好的生活作为治国理政的头等大事，注重加强普惠性、基础性、兜底性民生建设，着力解决人民群众急难愁盼问题，不断增强人民群众的获得感、幸福感、安全感。我们党以扎实的行动，回应人民对更好的教育、更稳定的工作、更满意的收入、更可靠的社会保障、更高水平的医疗卫生服务、更舒适的居住条件、更优美的环境、更丰富的精神文化生活的期盼，使人民群众的获得感、幸福感、安全感更加充实、更有保障、更可持续；以坚定的决心、精准的思路、有力的措施，组织实施人类历史上规模最大、力度最强的脱贫攻坚战，使中华民族历史性地解决了绝对贫困问题，在中华大地上全面建成了小康社会；大力解决住房保障、教育公平、生态环境等人民群众普遍关注的问题，幼有所育、学有所教、劳有所得、病有所医、老有所养、住有所居、弱有所扶得到更好实现，人民对美好生活的向往正一步步成为现实。这些都生动彰显了中国式现代化以人民为中心的价值追求。

着力推动人的全面发展

推动人的全面发展,是马克思主义的基本价值取向,也是科学社会主义的重要价值目标。

在中国式现代化的历史进程中,促进人的全面发展必须走创造性的现代化发展道路。我国14亿多人口整体迈进现代化社会,规模超过现有发达国家人口的总和。如此规模巨大、艰巨复杂的现代化实践,在人类历史上从来没有过,没有现成的经验可以借鉴,也没有固定的模式可以照搬。这就要求我们既要遵循现代化发展的一般规律,又要符合本国发展实际,坚持把马克思主义基本原理同中国具体实际、同中华优秀传统文化相结合,选择适合自己的发展道路和推进方式,把中国发展进步的命运牢牢掌握在自己手中。

在中国式现代化的历史进程中,人的全面发展要在实现全体人民共同富裕的过程中逐步实现。共同富裕是社会主义的本质要求,是中国式现代化的重要特征。我们说的共同富裕是全体人民共同富裕,是人民群众物质生活和精神生活都富裕,不是少数人的富裕,也不是整齐划一的平均主义。实现共同富裕是一个长期的过程,这决定了实现人的全面发展也将是一个长期的过程。

在中国式现代化的历史进程中,人的全面发展要在物质文明与精神文明相协调中逐步实现。物质贫困不是社会主义,精神贫乏也不是社会主义。推动人的全面发展,既要通过经济高质量发展创造丰富的物质财富,又要创造更多更好的精神产品,培育和践行社会主义核心价值观,提升社会的整体文明程度,丰富人民群众的精神世界。这既是促进人的全面发展的重要内容,也是实现人的全面发展所必需的精神力量。

在中国式现代化的历史进程中,人的全面发展要在人与自然和谐共生中逐步实现。人与自然是生命共同体,人是自然的一部分。只有尊重自然、顺应自然、保护自然,才能不断夯实人类生存与发展的根基。在人类社会几百年的现代化进程中,人们改造自然的能力显著提高,但同时也带来了人与自然之间的不和谐。推动人的全面发展,必须处理好人与自然的关系,以高品质生态环境满足人民群众对美好生活环境的需要,更好地支撑高质量发展。

在中国式现代化的历史进程中,人的全面发展要在和平发展中逐步实现。在现代化建设的探索中,我们党领导人民创造了世所罕见的经济快速发展和社会长期稳定两大奇迹,摒弃了西方以资本为中心的现代化、两极分化的现代化、物质主义膨胀的现代化、对外扩张掠夺的现代化老路,为人类对更好社会制度的探索提供了中国方案。人的现代化、人的全面发展,与本国实际密切相关,也与世界发展大势密切相关。我们必须继续高举和平、发展、合作、共赢的旗帜,在坚定维护世界和平与发展的过程中谋求自身发展,同时以自身更高水平的发展更好地维护世界的和平与发展,在和平发展的道路上实现人的全面发展。

全面推进中国式现代化,是一项前无古人的开创性事业。在中国式现代化的伟大历史进程中实现人的现代化、人的全面发展，必然要求我们在理论和实践上不断探索，持续推进一系列变革性实践、实现一系列突破性进展、取得一系列标志性成果，为中国式现代化提供更为完善的制度保证、更为坚实的物质基础、更为主动的精神力量。

《经济日报》（2023年12月20日 第10版）

中国式现代化的崇高追求

杨金海

2023年2月7日，习近平总书记在学习贯彻党的二十大精神研讨班开班式上发表重要讲话。他在讲到中国式现代化特征时特别指出，中国式现代化是"物质文明和精神文明相协调的现代化"。"既要物质富足、也要精神富有，是中国式现代化的崇高追求。"这一重要论述深刻揭示了中国式现代化的价值目标，为加快推进社会主义现代化建设指明了前进方向。

实现人的全面发展是马克思主义的崇高价值目标。马克思主义经典作家历来重视人的全面发展问题。马克思和恩格斯早在170多年前就在《共产党宣言》中明确指出，未来的共产主义社会"将是这样一个联合体，在那里，每个人的自由发展是一切人的自由发展的条件"。在《资本论》中，马克思把共产主义社会看作是"以每个人的全面而自由的发展为基本原则的社会形式"。马克思和恩格斯还在他们的许多著作中从各个不同方面对人的全面发展问题作了分析。

应当说，马克思主义是严整科学性与崇高价值性的统一。其科学性在于揭示了人类社会发展的客观规律，其价值性在于高扬人的主体地位，确立了人的全面发展和彻底解放的崇高价值目标。这二者缺少一个都不能构成马克思主义。不了解其科学性而只讲其价值性，就容易把马克思主义理解为一般的人道主义；只讲其科学性而不讲其价值性又很容易把马克思主义理解为"见物不见人"的经济决定论。

十月革命胜利后，社会主义从理论变为现实，为人的全面发展开辟了广阔道路。人的全面发展包括的内容十分丰富，但最基本的就是人的物质生活和精神生活的发展。列宁指出，社会主义之所以能够战胜资本主义，就是因为"社会主义能创造新的高得多的劳动生产率"，极大地提高国家的经济实力和人民的物质生活水平。同时，列宁强调，社会主义必须大力发展文化事业，"必须取得全部科学、技术、知识和艺术"，以此来满足人民的精神文化需要。他说："只有用人类创造的全部知识财富来丰富自己的头脑，才能成为共产主义者。"

新中国成立后，毛泽东十分重视经济文化的全面发展。他指出："随着经济建设的高潮的到来，不可避免地将要出现一个文化建设的高潮"；强调在发展经济的同时，大力发展文化事业，特别是提出了德、智、体"全面发展"的教育方针和发展文艺事业的"双百"方针。

改革开放后,邓小平进一步提出了建设中国特色社会主义,必须推进"两个文明"建设思想。他强调,精神文明是社会主义的重要特征,物质文明和精神文明都搞好,才是中国特色社会主义。1982年党的十二大提出推进"两个文明"(物质文明、精神文明)建设的要求。正是在"两个文明"思想的指引下,我们党领导人民经过长期奋斗,在经济和文化基础十分薄弱的基础上,创造了经济建设和文化建设的奇迹,中国的综合国力以及人民的物质和文化生活水平发生了翻天覆地的巨大变化。

中国式现代化的崇高追求彰显了社会主义现代化与资本主义现代化的根本区别,与先前马克思主义者的有关思想既一脉相承,又与时俱进,极大丰富和发展了马克思主义关于人的全面发展思想。

中国式现代化的崇高追求充分体现了人的全面发展目标。中国式现代化的崇高追求充分体现了社会主义的本质特征,特别是体现了人的全面发展目标,始终把社会全面发展与人的全面发展统一起来,同时,把中国与世界的和平发展统一起来,开创了人类现代化建设新道路和人类文明新形态。

中国式现代化充分体现了"两个文明"协调发展。一方面,中国共产党领导人民坚持发展经济,打牢社会主义物质基础,特别是新时代以来,始终坚持发展是第一要务,同时,牢固树立创新、协调、绿色、开放、共享的新发展理念,极大促进了我国物质文明发展,创造了经济快速发展和社会长期稳定两大奇迹,人民物质生活水平显著提高,包括人们的生产方式、生活方式、交往方式等越来越现代化、国际化、全球化，与发达国家差距日益缩小，在有些物质文明发展领域（如网络支付等方面）已处于领先地位。

另一方面，我们党领导人民坚持抓精神文明建设，打牢社会主义现代化建设的精神支柱。特别是新时代以来，我们始终坚持推进中国式现代化，既要物质财富极大丰富，也要精神财富极大丰富，在思想文化上自信自强。始终坚持"两手抓、两手硬"，既抓物质文明，又抓精神文明，使二者相互协调、相互促进，让全体人民始终拥有团结奋斗的思想基础、开拓进取的主动精神、健康向上的价值追求。始终坚持顺应人民日益增长的精神文化需求，建设具有强大凝聚力和引领力的社会主义意识形态，加强理想信念教育和"四史"宣传教育，培育和弘扬社会主义核心价值观。始终坚持发展社会主义先进文化，弘扬革命文化和中华优秀传统文化，推出更多优秀的思想成果、文艺作品等，不断丰富人民精神世界。始终坚持发展社会主义文化事业、旅游事业、文化产业等，满足人民多样化的文化发展需求。始终坚持加强社会文明、家庭文明等教育，提高全社会文明程度，促进社会全面发展与人的全面发展。始终坚持现代化建设既要造福中国又要造福世界的理念，为世界和平发展贡献力量和智慧。

实践证明，中国式现代化充分体现了人类社会发展客观规律与人的合目的性发展规律的统一，为人类文明新形态构建展现了光明前景。

中国式现代化的崇高追求具有深远的历史意义。中国式现代化的崇高追求无论从理论和实践，还是从中国和世界的视角上看，都具有深远的历史意义。

从理论上看，中国式现代化的崇高追求极大地丰富和发展了马克思主义现代化思想特别是人的全面发展思想，展现出当代中国马克思主义、二十一世纪马克思主义的强大生命力。同时，这一崇高价值目标的提出也是对世界现代化理论的重大突破。中国式现代化的成功，恰恰在于创造了一条不同于西方现代化的新道路。正如习近平总书记指出的："中国式现代化，打破了'现代化＝西方化'的迷思，展现了现代化的另一幅图景，拓展了发展中国家走向现代化的路径选择，为人类对更好社会制度的探索提供了中国方案。"只有沿着中国式现代化理论的价值目标前进，世界现代化理论的发展才有希望。

从实践上看，中国式现代化的崇高追求对于中国发展、世界发展和人类文明发展，都具有深远的历史意义。一是中国式现代化的崇高追求极大地促进了中国社会发展进步。只要我们毫不动摇地沿着中国式现代化道路继续前进，就一定能够实现我们党制定的第二个百年奋斗目标，实现中华民族伟大复兴的梦想。二是中国式现代化的崇高追求为世界发展中国家走向现代化提供了新的路径选择。发展中国家都有一个共同点，就是由于各种历史原因，经济文化发展比较落后，与世界发达国家差距较大，在这样的条件下要实现现代化，就不能走西方现代化的老路，而必须走适合自己国情的道路。中国式现代化道路在这方面提供了经验。三是中国式现代化的崇高追求为人类对更好社会制度的探索提供了中国方案。习近平总书记指出,中国式现代化"是一种全新的人类文明形态"。之所以这样说,是因为中国式现代化是中国共产党领导的社会主义现代化,它既不同于西方资本主义现代化道路,又有别于苏联社会主义现代化模式,而同时吸收了二者所包含的合理成分。中国式现代化贡献给人类的不仅是走向现代化的经验,更重要的是中国方案、中国智慧、中国价值。从这个意义上说,中国式现代化不仅对发展中国家有借鉴意义,对发达国家也有一定的参考价值。

《学习时报》(2024年11月04日 第A3版)

中国式现代化蕴含的独特价值观

陈锡喜

习近平总书记在庆祝中国共产党成立100周年大会上的讲话中,第一次提出了"中国式现代化新道路"概念,党的十九届六中全会审议通过的《中共中央关于党的百年奋斗重大成就和历史经验的决议》将这一概念提炼为"中国式现代化道路"。党的二十大报告则将之进一步提升为"中国式现代化",并且概括了其中国特色、本质要求和重大原则,从而将中国式现代化从"道路"初步构建为理论体系,这是党的二十大报告中的一个重大理论创新。与西方的现代化理论相比,中国式现代化理论体系蕴含了独特的世界观、价值观、历史观、文明观、民主观、生态观。阐释蕴含在其中的价值观,有助于我们更清晰地认识中国式现代化何以"既有各国现代化的共同特征,更有基于自己国情的鲜明特色"。

中国式现代化价值观的内涵和外延

在党的二十大报告中,有177处使用了"人民",其中既包括对我们所创造的中国式现代化的群众基础的阐述,也包括对党的十八大以来党的实践创新和理论创新的科学性与价值性的论述,还包括对准备应对前进道路上惊涛骇浪考验的重大原则的把握,其核心是强调坚持以人民为中心的发展思想。这就是中国式现代化蕴含的价值观。

以人民为中心的发展思想作为中国式现代化价值观的思想内涵,充分体现在习近平总书记所阐述的中国式现代化理论内涵的五大特征和本质要求中。

习近平总书记对中国式现代化所揭示的五大特征的科学判断,都蕴含着"为了人民"的价值判断:"人口规模巨大"不仅是量的概念,而且是质的概念,即它要推动14亿多人口整体迈进现代化社会,而且要克服已进入现代化的资本主义国家所没有经历过的在人口规模以及城乡、区域等差别之下的艰巨和复杂的困难;"全体人民共同富裕",坚决防止资本主义现代化进程中所出现的两极分化现象,是中国特色社会主义本质要求的直接体现,是社会主义以"人民"为本超越资本主义以"资本"为本的道义性之所在;"物质文明和精神文明相协调",要解决资本主义现代化所没有解决的精神匮乏的重大课题,促进物的全面丰富和人的全面发展,以推进人的解放进程;

"人与自然和谐共生",要解决资本主义在现代化过程中出现过的遭遇自然界"报复"的问题,走生产发展、生活富裕、生态良好的文明发展道路,以实现民族和世界的永续发展;"走和平发展道路",是要跳出资本主义在现代化过程中"逢强必霸"的"陷阱",在维护人类和平与发展中谋求自身的现代化,又以自身的现代化来促进人类的和平与发展。

习近平总书记在党的二十大报告中指出,中国式现代化的本质要求是坚持中国共产党领导,坚持中国特色社会主义,实现高质量发展,发展全过程人民民主,丰富人民精神世界,实现全体人民共同富裕,促进人与自然和谐共生,推动构建人类命运共同体,创造人类文明新形态。这一本质要求全面体现了对人民的关切和以人民为中心的发展思想。

具体地说,以人民为中心的发展思想,包含着价值立场和价值标准两方面的内涵。一是思想上"人民至上"的价值立场,即"站稳人民立场、把握人民愿望、尊重人民创造、集中人民智慧";二是实践中"以人民利益为准绳"的价值标准,即"维护人民根本利益,增进民生福祉,不断实现发展为了人民、发展依靠人民、发展成果由人民共享,让现代化建设成果更多更公平惠及全体人民"。中国式现代化价值观的这两方面内涵,具体展开为"民主""民创"和"民享""民富"的丰富外延。所谓"民主",就是发展全过程人民民主,努力维护和促进社会公平正义,这是中国式现代化价值观的保障。所谓"民创",就是依靠人民,尊重人民创造,集中人民智慧,这是中国式现代化价值观的基础,也是党的群众路线和思想路线的具体体现。所谓"民享",就是所有发展都是为了人民,让发展成果惠及全体人民,不仅惠及当代,而且惠及中华民族的子孙后代;不仅惠及中华民族,而且惠及整个人类文明。所谓"民富",就是既做到人民物质富足,又促进人民精神富有,而且无论在物质方面还是精神方面都实现共同富裕。"民享"和"民富"构成了中国式现代化价值观的目标追求。

中国式现代化价值观形成的理论基础和历史逻辑

中国式现代化蕴含的"以人民为中心"的价值观的理论基础,是马克思主义的唯物史观中蕴含的人民主体思想,正如习近平总书记所说:"人民性是马克思主义的本质属性,党的理论是来自人民、为了人民、造福人民的理论,人民的创造性实践是理论创新的不竭源泉。"

习近平总书记在纪念马克思诞辰200周年大会上的讲话中,将马克思主义的基本属性概括为科学性、人民性、实践性和开放性。他指出:"马克思主义是人民的理论,第一次创立了人民实现自身解放的思想体系。马克思主义博大精深,归根到底就是一句话,为人类求解放。"马克思没有如空想社会主义者那样只是从抽象的理性出发来空谈人类解放,而是强调"我们所称为共产主义的是那种消灭现存状况的现实的运动",也就是说,必须经过无产阶级解放,才能实现人类解放；而无产阶级只有解放全人类，才能最后解放自己。

因此，在马克思主义看来，推进人类解放的进程，需要实现两个结合：其一，无产阶级解放同最广大人民群众利益的结合。正如马克思所说："'思想'一旦离开'利益'，就一定会使自己出丑。"因而，"历史活动是群众的活动，随着历史活动的深入，必将是群众队伍的扩大"。其二，理论同实践的结合。正如马克思所说："物质力量只能用物质力量来摧毁；但是理论一经掌握群众，也会变成物质力量。理论只要说服人，就能掌握群众；而理论只要彻底，就能说服人。""哲学家们只是用不同的方式解释世界，问题在于改变世界。"因而，马克思、恩格斯的思想同欧洲思想史上所有"形而上学"和空想社会主义的根本区别，并非在于其通过构建解释整个宇宙的知识体系而从中推演出"社会主义"的理想、并迫使现实"应当"与之相适应，而是在于通过批判旧世界发现新世界，即批判资本主义的现实矛盾并从中揭示出消灭现存状况的条件，以此指导工人阶级解放运动。总之，马克思主义是在人民求解放的实践中形成的，因而能够给人民提供认识世界、改造世界的强大精神力量。

这两个结合决定了马克思主义是人民性与科学性的统一，或曰道义性与真理性的统一。唯物史观和剩余价值学说揭示了人类社会发展的一般规律和资本主义运行的特殊规律，从而为人民指明了实现自由和解放的道路。正因为如此，"无论时代如何变迁、科学如何进步，马克思主义依然显示出科学思想的伟力，依然占据着真理和道义的制高点。"这成为中国式现代化价值观形成的理论基础。

中国式现代化蕴含的"以人民为中心"的价值观形成的历史逻辑,是中国共产党从建党之初就确立的初心使命和发展中所形成的伟大建党精神,以及党在领导百年社会革命中所滋养的自我革命精神。

中国共产党从诞生那天起,就把为中国人民谋幸福、为中华民族谋复兴确立为自己的初心使命。为了实现这一初心使命,中国共产党经历了百年的苦难辉煌。在新民主主义革命时期,从建党到抗日战争全面爆发前,中国共产党经历了两次胜利和两次失败,这才认识了中国革命的规律。正如习近平总书记所指出的:"世界上没有哪个党像我们这样,遭遇过如此多的艰难险阻,经历过如此多的生死考验,付出过如此多的惨烈牺牲。"

与28年新民主主义革命中的巨大牺牲形成对照的是,中国共产党的组织规模日益壮大,到新中国诞生前夕,党员人数达到450万,是建党时的9万倍。党经历百年苦难辉煌发展成为世界上最大规模的政党和大国的执政党,靠的就是紧紧依靠并融入人民群众。土地革命战争时期,人民群众组成党和红军的铜墙铁壁;抗日战争时期,日本侵略者陷入了人民战争的汪洋大海;解放战争的胜利是靠老百姓用小车推出来和用小船划出来的;社会主义革命和建设以及改革开放的历史伟业,都是党团结带领人民群众在实践探索中干出来的。在百年奋斗历史中,"人民"二字深深融入党的血脉,成为中国共产党人薪火相传、永不磨灭的精神基因。

党能在百年苦难辉煌中获得人民群众的信任,关键在于勇于进行自我革命。党从诞生那天起，不仅同包括陈独秀为代表的右倾思想、王明"左"倾教条主义和张国焘分裂主义等错误路线作斗争，还同党内的宗派主义、主观主义、教条主义、官僚主义、形式主义等形形色色的非无产阶级思想作斗争，更是敢于正视并且勇于纠正自身所犯的错误，并且义无反顾地同腐败和一切削弱党的领导的现象作斗争。正是在自我革命中，党形成和发展了"一切为了群众、一切依靠群众，从群众中来、到群众中去"的群众路线，形成和弘扬了"坚持真理、坚守理想，践行初心、担当使命，不怕牺牲、英勇斗争，对党忠诚、不负人民"的伟大建党精神。正如习近平总书记所指出的："勇于自我革命，是我们党最鲜明的品格，也是我们党最大的优势。中国共产党的伟大不在于不犯错误，而在于从不讳疾忌医，敢于直面问题，勇于自我革命，具有极强的自我修复能力。"

正是在百年奋斗历程中，中国共产党对实践中形成的价值观进行了理论提炼，从而形成了毛泽东思想中为人民服务的党的宗旨和党的群众路线，邓小平理论中"最终实现共同富裕"的社会主义本质要求和包括"是否有利于提高人民的生活水平"的"三个有利于"的判断标准，"三个代表"重要思想中的"代表中国最广大人民的根本利益"，以及科学发展观中"以人为本"的核心立场，特别是习近平新时代中国特色社会主义思想中以人民为中心的发展思想。这些在不同时期围绕党的主要任务而升华的鲜明的价值立场和价值标准，成为滋养中国式现代化价值观的宝贵思想。

总之，坚持以马克思主义为指导思想的中国共产党，把马克思主义的"人民性"这一本质属性与中国革命、建设和改革的实际相结合，在党的百年奋斗史中形成并弘扬了包括"不负人民"在内的伟大建党精神，从而成为中国式现代化价值观形成的理论基础和历史逻辑。

中国式现代化价值观形成的现实依据和实践彰显

中国式现代化蕴含的"以人民为中心"的价值观形成的现实依据，是社会主要矛盾的转化。正如习近平总书记在党的二十大报告中提到"以中国式现代化推进中华民族伟大复兴"的历史性成就时所指出的："明确我国社会主要矛盾是人民日益增长的美好生活需要和不平衡不充分的发展之间的矛盾，并紧紧围绕这个社会主要矛盾推进各项工作，不断丰富和发展人类文明新形态。"

社会主要矛盾转化的事实判断之所以能为中国式现代化价值观提供详实依据，是因为形成社会主要矛盾转化的事实判断中，就蕴含了价值判断的调整。因为对社会生活特别是对社会关系作出重大的科学判断，都不会是纯客观的中立判断，而是主客观的统一，即其中渗透着处在一定社会关系中的判断者自身的价值立场。于是，要揭示社会主要矛盾的转化，除了要以大量事实为依据以外，还需要增加主体所追求的价值目标作为参照系，以对各种社会矛盾的转化及其关系作新的审视。

中国共产党把为中国人民谋幸福、为中华民族谋复兴作为初心使命，因此能在社会主义革命和建设时期对各种错综复杂的社会矛盾的分析中，抓住帝国主义、封建主义、官僚资本主义同人民大众的这一主要矛盾；在改革开放和社会主义现代化建设新时期，邓小平基于"贫穷不是社会主义"的价值理念，把人民日益增长的物质文化需要同落后的社会生产之间的矛盾判断为主要矛盾；中国特色社会主义进入新时代，党把"人民日益增长的美好生活需要"作为社会主要矛盾的一个方面，蕴含了人民对美好生活的向往，就是我们的奋斗目标的价值理念。这是满足人民对物质文化需要的价值理念在新时代的升华，即将其从社会主义的必要条件升华到社会主义的充分条件。它不仅在物质生产生活上要赶上资本主义，而且在社会全面进步和人的全面发展上也要超越资本主义，从而体现了以人民为中心的价值理念。正如习近平总书记所说："强调新时代我国社会主要矛盾是人民日益增长的美好生活需要和不平衡不充分的发展之间的矛盾，必须坚持以人民为中心的发展思想，贯彻新发展理念，构建新发展格局，推动高质量发展，推动人的全面发展、全体人民共同富裕取得更为明显的实质性进展。"习近平总书记把坚持以人民为中心的发展思想作为中国式现代化必须牢牢把握的重大原则之一，集中体现了蕴含在社会主要矛盾转化之中的价值判断。

中国式现代化蕴含的"以人民为中心"的价值观，在实践中得到了充分彰显。党的十八大以来，我们"在幼有所育、学有所教、劳有所得、病有所医、老有所养、住有所居、弱有所扶上持续用力，人民生活全方位改善。……人民群众获得感、幸福感、安全感更加充实、更有保障、更可持续,共同富裕取得新成效。"中国人均预期寿命达到78.2岁,人均可支配收入则从1.65万元增加到3.51万元,翻了一番多。如果将这两个看上去抽象的数字置于2020年疫情防控总体战和脱贫攻坚战的背景中来考察,自然会透视出中国式现代化价值观的重大意义。

2020年1月25日,正逢正月初一,习近平总书记主持召开中央政治局常务委员会会议,对新冠疫情防控工作进行再研究、再部署、再动员,由此,一场疫情防控总体战、阻击战在全国范围内正式打响。而2020年又恰是脱贫攻坚的决战决胜之年,原定年初就计划召开的尚未摘帽贫困县负责人座谈会,因受到新冠疫情的影响而不得不延期。但春节一过,习近平总书记决定按原计划召开决战决胜脱贫攻坚座谈会,并且把会议规模扩大到所有省区市主要负责同志以及向中央签了脱贫攻坚责任书的中西部县级领导。

疫情防控总体战和脱贫攻坚战同时打响,对我国国家治理体系和治理能力是一次极大的考验。它们之所以能取得胜利,既取决于党的全面、集中领导和社会主义集中力量办大事的独特优势,也展现了中国国家治理体系和治理能力的科学性。而制度优势和治理科学性相结合所形成的党的领导、政府负责、社会协同和公众参与的良好互动关系,归根到底蕴含了"人民至上"的价值导向。

总之,中国共产党对新时代社会主要矛盾转化的把握,其蕴含的价值判断就是"以人民为中心",从而成为中国式现代化价值观形成的现实依据,也正因为这一价值观的彰显,我们取得了脱贫攻坚战的巨大胜利，并且在面对突如其来的新冠疫情时最大限度地保护了人民生命安全和身体健康，统筹疫情防控和经济社会发展取得重大积极成果。正因为如此，习近平总书记以最大的底气宣告："当今世界，要说哪个政党、哪个国家、哪个民族能够自信的话，那中国共产党、中华人民共和国、中华民族是最有理由自信的！"

中国式现代化价值观对全人类共同价值的贡献

普遍性存在于特殊性之中，而特殊性中包含了普遍性。习近平总书记倡导的全人类和平、发展、公平、正义、民主、自由的共同价值是在理解不同文明的价值内涵以及尊重不同国家人民的现实价值追求的基础上进行提炼的结果，因而它具有普遍性。

和平与发展，既是当今世界的主题，也事关每个人的生存权、发展权，是实现全人类共同价值的基础；公平正义，既是国际关系的重要准则，也事关每个人的尊严，是调节所有社会关系和人际关系的保障；民主自由，既是人类政治文明的重要内容，也事关每个人的福祉，是人的全面发展的内在需求。正因为如此，"和平与发展是我们的共同事业，公平正义是我们的共同理想，民主自由是我们的共同追求。"全人类共同价值体现了人类进步乃至解放的要求，而中国式现代化蕴含的"以人民为中心"的价值观，为凝练全人类共同价值提供了理论、思想和实践的基础。

首先，中国式现代化蕴含的"以人民为中心"的价值观体现了马克思主义的人权和民主思想，超越了资产阶级的所谓"普世价值观"，为全人类共同价值的构建奠定了理论基础。长期以来，西方某些政客和理论家把在资产阶级上升时期形成并为资本主义生产关系的发展鸣锣开道的自由、民主等价值观，鼓吹成人类与生俱来、绝对普遍适用且永恒存在的价值；而在现实中，则以霸权主义和强权政治推行其经济、政治和文化制度，并且以所谓"民主与威权之争"等话术加以包装，暴露出其典型的虚伪性和狭隘性。马克思主义揭示了构成资本主义社会基础的本质是"以资本为本位"，从而揭示了资产阶级人道主义的虚伪性。尽管劳动人民在资本主义发展过程中，权利也在扩大，但这并非资产阶级施恩的结果，而是生产力发展特别是工人阶级斗争的产物；况且，当人民群众的根本利益与资产阶级的利益发生冲突时，资本主义归根到底遵循的是"丛林法则"。因为资产阶级执政党的价值观，从根本上说，是以"赢得执政权"和"保护资本"互为目标和手段的。

其次，中国式现代化蕴含的"以人民为中心"的价值观彰显了社会主义核心价值观，为提升国际话语权提供了思想基础。改革开放以来，邓小平始终强调物质文明和精神文明"两手抓"，在抓社会主义精神文明建设的过程中，我们逐步聚焦价值观建设，并且从社会主义核心价值体系凝练到社会主义核心价值观。改革开放和社会主义现代化建设实践，是"24个字"的社会主义核心价值观形成之"源"，而中华优秀传统文化和人类文明成果则是其形成之"流"。正如习近平总书记所指出的："我们提出的社会主义核心价值观，把涉及国家、社会、公民的价值要求融为一体,既体现了社会主义本质要求,继承了中华优秀传统文化,也吸收了世界文明有益成果,体现了时代精神。"也正因为如此,社会主义核心价值观通过中国式现代化价值观凝练到全人类共同价值之中,从而体现出其世界意义。社会主义核心价值观同全人类共同价值是相容相通的:"富强""和谐"在全人类共同价值中的话语表达为"和平""发展","平等""公正"在全人类共同价值中的概念转换为"公平""正义",而"民主""自由"则直接体现在全人类共同价值中。从思想上把握好社会主义核心价值观、中国式现代化价值观同全人类共同价值的融通关系,可以更清晰地彰显中国式现代化对全人类共同价值的贡献。

总之,中国式现代化蕴含的"以人民为中心"的价值观,超越了资本主义所谓自由、民主的"普世价值观",为构建并弘扬和平、发展、公平、正义、民主、自由的全人类共同价值作出了贡献。

《人民论坛·学术前沿》(2023年6月上)

中国式现代化的五重逻辑及其价值

刘新刚　张　军

中国式现代化是中华民族伟大复兴进程中的一个关键议题。习近平总书记关于中国式现代化的重要论述是推进中国式现代化理论创新和实践发展的根本遵循。关于中国式现代化的研究成果丰硕，其中较多成果集中于对中国式现代化的理论阐释以及实践成就的总结归纳。当前，关于中国式现代化的研究亟待出现一个追索背后科学问题的新进路。实现中国式现代化伟大事业，需要建立在扎实的科学逻辑基础上。关于某一事物背后科学逻辑的研究进路，学界一般从理论逻辑、历史逻辑和实践逻辑这三大逻辑展开。这三大逻辑在同一抽象平面上实现了逻辑上的闭环，能够准确反映出一个事物背后的基础科学问题。从这一角度来说，对中国式现代化展开背后这三大逻辑的追索，是当前推动中国式现代化加快发展的一个亟待展开的研究。与此同时，根据中国式现代化展开的实际，习近平总书记提出"必须把推进中国式现代化作为最大的政治"，这需要学界揭示中国式现代化背后的政治逻辑。习近平总书记在党的二十大报告中提出"高质量发展是全面建设社会主义现代化国家的首要任务"，这需要学界揭示中国式现代化背后的发展逻辑。由此可见，在理论逻辑、历史逻辑、实践逻辑同层次的思维抽象闭环之外，还需要展开关于中国式现代化其他思维具体层面逻辑问题的研究。关于这方面的研究所包含的议题较多，但是通过研读习近平总书记的重要论述和相关中央文献，会发现其中把"政治"和"高质量发展"分别提到了"最大"和"首要"的高度。所以本文在这个具体层面，优先围绕中国式现代化的政治逻辑和发展逻辑进行研究，并尝试回答在抽象和具体两个层面的五个逻辑之间的关系，从而为我们思考中国式现代化背后的科学问题提供五大逻辑及其相互关联结构。

中国式现代化的理论逻辑及其价值

理论逻辑是一个事物得以存在的最具根基性的科学道理。要打开中国式现代化背后的逻辑世界，首先要打开中国式现代化的理论逻辑。在马克思主义视野中，世界观和方法论是理论逻辑的基础。习近平总书记强调，"人们必须有了正确的世界观、方法论，才能更好观察和解释自然界、人类社会、人类思维各种现象，揭示蕴含在其中的规律"。可见，科学的世界观和方法论是正确认识和把握某一事物背后机理及其内在各要素关系的认识论工具,是推动关于中国式现代化理论逻辑研究的哲学根基。

构建现代化背后的理论逻辑触及世界观和方法论重大哲学基础问题

人类现代化发展史上存在一套错误的世界观和方法论,对其本质批判是我们理解科学的世界观和方法论的前提。当前部分国家仍将以资本为中心的现代化奉为圭臬,这一现代化模式以近代形而上学唯物主义为内在理论逻辑,并依此建立了一套十分严密的理论体系。受自然科学影响,近代形而上学唯物主义将自然科学意义的"原子"看作世界的本质,抽掉了现实中人的社会属性,认为"原子式"的人像自然界中的物体一样遵循不变的运动规律。遵循这一世界观和方法论,以资本为中心的现代化以"原子式"的人作为研究起点,基于此建构的运行机制亦追求静态完满的状态。

马克思在《关于费尔巴哈的提纲》中完成了自身的哲学革命,实现了对旧唯物主义和唯心主义两种错误哲学观的批判和超越,为《资本论》创作时期揭示以资本为中心的现代化内在对抗性矛盾提供了科学的世界观和方法论基础。不同于"原子式"的人的认识,马克思是从现实的社会关系中理解人,认为"人的本质不是单个人所固有的抽象物,在其现实性上,它是一切社会关系的总和"。伴随现代化在全球范围的推进和深入,各领域发展呈现出新特点、新矛盾、新问题,亟需推进和拓展基于科学世界观和方法论的现代化。中国式现代化继承和发展了马克思关于人的本质的科学观点，从分析人的社会关系、社会属性等角度出发，保障了其理论构建起点的科学性，同时创造性运用和创新性发展了马克思在《关于费尔巴哈的提纲》中所提出的"新唯物主义"世界观和方法论。

基于习近平新时代中国特色社会主义思想的世界观和方法论构建中国式现代化的理论逻辑

党的二十大报告明确提出了习近平新时代中国特色社会主义思想的世界观和方法论，即"必须坚持人民至上""必须坚持自信自立""必须坚持守正创新""必须坚持问题导向""必须坚持系统观念""必须坚持胸怀天下"。这"六个必须坚持"赋予了马克思主义世界观和方法论以新的时代内涵，为推进对中国式现代化理论逻辑的研究提供了关键内容。

"坚持人民至上"包含了对人进行社会属性分析所形成的科学观点。不同于旧唯物主义视野中的"原子式"的人，中国式现代化创造性提出人民性这一关键范畴，其是理解中国式现代化的一个重要逻辑起点。马克思曾提出，"旧唯物主义的立脚点是市民社会，新唯物主义的立脚点则是人类社会或社会的人类"。基于"市民社会"这一旧唯物主义立脚点，无法构建出科学的现代化理论体系。中国的发展创造性地扎根"人类社会或社会的人类"这一科学的起点，构建出中国式现代化背后的科学理论逻辑体系。建立在旧唯物主义立脚点之上的理论无法彻底解决现实中的问题，无法建立起理论自信。

中国式现代化坚持"现实的人"这一科学的立足点，能够对现实问题进行思考并正确解答，升华形成自信自立的理论品格。习近平总书记强调，"守正才能不迷失方向、不犯颠覆性错误，创新才能把握时代、引领时代"。中国式现代化始终坚持守正创新，坚持以马克思主义理论为指导，创中国化时代化马克思主义发展之新。中国式现代化坚持以"人类社会或社会的人类"为起点，其所形成的理论创新始终坚持问题导向，能够推进理论和实践形成良性互动。中国式现代化强调人与人之间是存在社会性联系的，必须坚持系统观念，在个体与社会的辩证统一中去理解和思考问题，从而超越以单一个体为中心的片面认知。以资本为中心的现代化受近代形而上学唯物主义影响，其理论体系仅关注孤立个体发展，极易忽视人类社会整体发展问题，进而导致整体和个体的悖论性冲突。中国式现代化坚持胸怀天下，以世界的眼光洞察人类社会发展趋势，积极为解决人类问题作出中国贡献。

中国式现代化基于"六个必须坚持"这一世界观和方法论，形成理论逻辑体系的最基础底座。要完成理论逻辑建设，除上文所探讨的问题以外，还需学界共同努力去具体打造一个相对饱满的中国式现代化理论逻辑体系。

中国式现代化理论逻辑的价值

对中国式现代化理论逻辑的持续研究，将为中国式现代化事业打造出最为扎实的理论逻辑基础，具有重大的科学价值。

一是中国式现代化所坚持的科学世界观和方法论必然成为揭示"原子式"的人起点上的形而上学唯物主义世界观和方法论根本缺陷的重要武器。以形而上学唯物主义世界观和方法论为指导建构的治理理论为例，一般认为只要在各领域建立相关的机械制衡机制，该领域的发展效率就会实现最大化。但是，这种机制实现的不过是一种抽象意义上的制衡关系。在这种抽象制衡机制的运行下，人的贪婪、欺诈等社会属性极易生长出来，进而引发更大的问题。基于"人类社会或社会的人类"这一研究起点，中国式现代化以"社会关系"为研究对象，建立了思考社会问题的科学研究框架，注重对不同主体在社会关系上的差异进行分析与研判，打造出有效的治理体系。

二是中国式现代化的理论逻辑为经济、政治、文化、社会、生态文明建设各领域发展提供科学的世界观和方法论指导，加速了各领域实践的发展。从对社会发展实践带来的影响效果来看，中国式现代化所形成的解决问题的方案具有科学性。具体而言，在国家治理领域，以习近平同志为核心的党中央通过研判各治理主体的社会属性，给出了"以伟大自我革命引领伟大社会革命"的治理思路，即通过坚持党对一切工作的领导，带动其他治理主体社会属性的变革，推动高质量发展。马克思曾谈到，"理论一经掌握群众，也会变成物质力量"，就是说精神力量在一定条件下可以转化为物质力量。中国式现代化是基于科学研究起点之上建构的理论，能够与具有丰富社会关系的实践之间产生良好的"化学反应"，从而带来各领域的高质量发展。

三是中国式现代化为人类探索新的现代化道路提供了方法论启示。长期以来，以资本为中心的现代化被看作现代社会唯一的文明形态。马克思进行了哲学观的革命，并且在批判以资本为中心的现代化基础上，对共产主义社会进行了描述，认为"在那里，每个人的自由发展是一切人的自由发展的条件"。中国式现代化破除了以资本为中心的现代化"原子式"的思考框架，透彻分析并供给解决人类发展系列难题的现代化方案，为人类探索现代化道路提供中国智慧和中国方案。

中国式现代化的历史逻辑及其价值

历史逻辑是指从历史发展的角度分析某一事物的发展规律和趋势。马克思指出，"历史不外是各个世代的依次交替。每一代都利用以前各代遗留下来的材料、资金和生产力；由于这个缘故，每一代一方面在完全改变了的环境下继续从事所继承的活动，另一方面又通过完全改变了的活动来变更旧的环境"。这一论述清晰地表达了历史发展并不是碎片化的过程，而是主客体互动中的辩证运动过程。中国式现代化遵循一定的历史逻辑逐渐发展而来，其历史逻辑展现了中国式现代化道路的必然性。因此，深刻理解中国式现代化的历史逻辑需要超越一般历史演进表象，深入探讨中国式现代化形成与发展的"必然性"原因。

深刻把握超越以资本为中心的现代化的历史"必然性"

在人类现代化的发展历程中,存在将现代化社会的发展模式直接等同于以资本为中心的现代化的错误历史逻辑,纠正这一错误历史逻辑是我们正确认识中国式现代化具有"必然性"的前提。一般认为,伴随启蒙运动的发展,以资本为中心的现代化肇始于17—18世纪的西欧并逐渐席卷全球。由于西方资本主义国家率先开启现代化道路,部分学者将人类的现代化进程直接等同于西方资本主义社会的发展过程,甚至一些学者认为资本主义社会是人类文明的最终形态,如弗朗西斯·福山提出的"历史终结论"。然而,以资本为中心的现代化在现实世界中并没有按照其自我设计的模式运行,而是在现代化进程中充斥了冲突与动乱。不少西方学者开始反思以资本为中心的现代化发展的历史逻辑,但是由于他们受到近代形而上学的影响,习惯于将一切事物统一于一个至高的存在物,因此,这些学者对以资本为中心的现代化的反思仍然囿于西方中心主义,不能从理论和实践上正确地分析和解决以资本为中心的现代化在人类现代化进程中带来的矛盾和冲突。例如塞缪尔·亨廷顿将现代国家的冲突归结为文明冲突,从而提出了西方文明优越论作为实现文化统一、化解冲突的方案。

以资本为中心的现代化的模式并非人类现代化进程的唯一模式,各国可根据自身具体情况制定适合自己的现代化道路。"历史终结论"和"西方中心论"等错误的历史观点,皆是对人类社会历史发展规律的否定，其本质上带有历史虚无主义色彩。马克思在具体分析资本主义现代化时对其进行了批判性审视，指出了其生产力和生产关系之间的矛盾。马克思指出，"资本主义生产一方面神奇地发展了社会的生产力，但是另一方面，也表现出它同自己所产生的社会生产力本身是不相容的。它的历史今后只是对抗、危机、冲突和灾难的历史。结果，资本主义生产向一切人（除了因自身利益而瞎了眼的人）表明了它的纯粹的暂时性"。现代化社会的发展也必然遵循这一历史发展的客观规律，即旧的阶段在面对"自己内部逐渐发展起来的新的、更高的条件来说，它就变成过时的和没有存在的理由了；它不得不让位于更高的阶段，而这个更高的阶段也要走向衰落和灭亡"。中国基于正确的历史逻辑，汲取人类现代化进程中的历史经验，形成了中国式现代化道路。这一道路既符合中国的实际情况和人民的需要，又超越了以资本为中心的现代化，体现了中国式现代化的必然性和创新性。

中国式现代化是现代化历史发展的崭新阶段

既然资本主义社会基于错误的历史逻辑而面临困境，那接下来历史将如何发展呢？针对这一问题，马克思给出了答案。一方面，他认为资本主义生产方式"本身已经创造出了新的经济制度的要素，它同时给社会劳动生产力和一切生产者个人的全面发展以极大的推动；实际上已经以一种集体生产方式为基础的资本主义所有制只能转变为社会所有制"。共产主义这一最高形式将代替资本主义。这表明，资本主义生产方式内在的矛盾和冲突，为社会主义的建立创造了条件。另一方面，马克思强调阶级斗争是社会历史发展的动力，而推翻资本主义生产方式和最后消灭阶级的历史使命就落在无产阶级肩上，而无产阶级专政则是"达到消灭一切阶级和进入无阶级社会的过渡"。马克思指明了人类社会历史发展的最终方向。我们现阶段仍处于马克思所说的"过渡阶段"，面临着建设什么样的现代化的时代课题。

中国式现代化正是在这样的历史背景下应运而生。它坚持历史唯物主义，以"人类的社会或社会的人类"为立足点，坚持以人民为中心，承担起推进人类现代化历史向前发展的重任。就其历史逻辑而言，中国式现代化创造了一种崭新的文明形态。中国式现代化是中国共产党在领导中国人民为实现国家富强、民族复兴、人民幸福的历史进程中开辟和形成的社会主义现代化道路。进入新时代，习近平总书记指出，"从现在起，中国共产党的中心任务就是团结带领全国各族人民全面建成社会主义现代化强国、实现第二个百年奋斗目标，以中国式现代化全面推进中华民族伟大复兴"。这为当代中国现代化发展之路确立了新的历史方位和奋斗目标。

中国式现代化的历史逻辑是一个多维度、多层次的综合逻辑体系，并深深植根于经济、政治、文化、社会和生态等不同领域的历史实践之中。这一历史逻辑体系内部相关要素互为支撑、相互影响，共同推动着中国式现代化的深度发展。

中国式现代化历史逻辑的价值

通过考察人类社会历史发展的进程,可以发现中国式现代化的历史逻辑背后蕴含着深刻的理论与实践价值。

一是从人类社会发展形态的一般性来看,中国式现代化的历史逻辑回击了"历史终结论""西方中心论"等错误观点,有助于树立广大人民群众对历史的自信。这些错误观点以原子论为起点,一方面认为人类历史的发展最终会向原子式的状态收敛;另一方面无法看到不同历史阶段背后所蕴含着的特殊社会形式,从而否定唯物史观视域中的历史发展规律。中国式现代化能够把握历史背后蕴含的生产关系,其历史逻辑生动反映出我国走上社会主义道路不是偶然的历史事件,而是具有客观必然性,是更高阶段的新型文明形态。通过把握中国式现代化的历史逻辑,有助于深入理解中国式现代化之于人类社会历史发展进程的历史必然性,从而增强人民对我国当前社会主义现代化建设事业的自信心。

二是在树立人民历史自信的基础上,确定当前我国所处的历史方位有助于激发人民的历史主动精神,不断为推动中国式现代化发展注入新动力。新时代以来,以习近平同志为核心的党中央深刻分析了国内外形势,以强烈的历史主动精神制定了中国式现代化的战略目标并给出了具体的实施步骤,即当前是党带领人民"迈上全面建设社会主义现代化国家新征程、向第二个百年奋斗目标进军的关键时刻",接下来要向"全面建成社会主义现代化强国"的战略目标前进。为此,党中央作出了"两步走"的战略安排。这一系列战略谋划为中国式现代化道路指明了方向,为中国式现代化赢得了战略主动。

三是历史方位的确定和历史主动精神的激发有助于开创我国历史研究的新局面,从而为中国式现代化的发展提供文明与文化支撑。习近平总书记指出,"历史是一面镜子,鉴古知今,学史明智。重视历史、研究历史、借鉴历史是中华民族5000多年文明史的一个优良传统"。深刻把握中国式现代化的历史逻辑,有助于进一步深化对我国历史研究价值和意义的认识,更加深入挖掘我国历史文化资源,从而丰富中国式现代化的文明意蕴,充分彰显中国式现代化蕴含的独特历史观和文明观的时代价值。

中国式现代化的实践逻辑及其价值

实践逻辑是对"社会主体"与"现实客体"在实践活动中所形成的内在关系及其矛盾运动规律的认识。如何认识"善的目的(主观的目的)对现实('外部现实')的关系",关乎能否形成正确的实践观点。习近平总书记指出:"党的十八大以来,我们党在已有基础上继续前进,不断实现理论和实践上的创新突破,成功推进和拓展了中国式现代化。"可以说,中国式现代化取得的系列成就建立在扎实的实践基础上。深刻理解中国式现代化背后的实践逻辑,有助于推动中国式现代化沿着正确的方向发展前进。

以资本为中心的现代化实践观困境

以资本为中心的现代化，认为在社会领域存在一套所谓"完美"的理论体系并反映现实人类社会的科学规律。这一理论体系在逻辑层面实现自洽，并通常认为实践会遵从这一"自洽"的理论。从这个意义上讲，理论与实践被割裂开来，理论成为一种纯粹的抽象思维活动，而实践则被视为一种独立的、机械的操作过程。基于此，在以资本为中心的现代化看来，主客体间的关系是恒定的，社会实践发展亦是不断向理论收敛。

以资本为中心的现代化采取静态观测、数据收集等方法理解实践活动。这种理解方式是一种"照镜子式的原物映射"的实践观，呈现出主体客体化、客体主体化的悖论性矛盾。以资本为中心的现代化受自然科学思维的影响，以"原子式"的人为研究起点建构了自身理论体系，主张个体自由发展能够实现社会整体发展的完满状态。然而，现实中的人并不是"原子式"的人，而是"现实的人"。这意味着"原子式"的人及其起点上建构的理论只在想象中成立。这一抽象理论并不关照人的社会属性，导致个人社会属性往往由于缺乏限制而向虚拟、投机、欺诈方向发展，使得现实中的人的运行机理与想象理论中人的运行机理大相径庭。这就带来以资本为中心的现代化及其建构的理论体系常常无法与实践良性互动的问题。而以资本为中心的现代化之所以无法看清现实中人的本质，根源在于它所遵循的近代形而上学唯物主义世界观与方法论的错误。囿于机械、孤立、静止的世界观，以资本为中心的现代化一方面忽略了人类社会区别于自然，忽略了人与人之间存在的社会关系；另一方面忽略了人的主观能动性，忽略了人在社会关系的交互中所具备的能动性、创造性，可以利用规律能动地改造环境。正如马克思所指出的，"环境的改变和人的活动或自我改变的一致，只能被看做是并合理地理解为革命的实践"。以资本为中心的现代化无法理解现实的生产实践和社会交往实践，自然也无法以此为起点去认识主客体间的关系。

中国式现代化的马克思主义实践观基础

马克思指出，"人们决不是首先'处在这种对外界物的理论关系中'……而是积极地活动，通过活动来取得一定的外界物，从而满足自己的需要。(因而，他们是从生产开始的。)"。在他看来，实践是一种有意识的、有目的的社会性活动，主体的能动性不是建立在思辨的理论之上，而是反过来以实践活动为基础的。基于此，马克思进一步指出，"全部社会生活在本质上是实践的。凡是把理论引向神秘主义的神秘东西，都能在人的实践中以及对这种实践的理解中得到合理的解决"。作为实践主体的人总是处在一定社会关系中，任何人的活动都离不开与社会的联系。实践的社会性决定了它的历史性。实践的内容、性质、范围、水平以及方式都受一定社会历史条件的制约，随着一定社会历史条件的变化而变化。

在这一实践观的指导下，我们党根据不同时期的形势任务，将工作重点聚焦到关键问题，提出一系列关于国外经济社会发展的重大论断，帮助我们科学认识并解决社会发展问题。进入新时代，以习近平同志为核心的党中央强调"我国仍处于并将长期处于社会主义初级阶段的基本国情没有变"。基于此，习近平总书记进一步结合我国具体发展阶段，围绕解决现代化建设中存在的突出矛盾和问题，创造性提出"中国式现代化，是中国共产党领导的社会主义现代化，既有各国现代化的共同特征，更有基于自己国情的中国特色"，进一步深化了对中国式现代化内涵和本质的认识。中国式现代化本身具有强烈的问题意识和现实导向，在各领域各方面都有体现。基于"现实的人"的起点，我们党提出了全过程人民民主、高水平社会主义市场经济体制等重大理念。正是因为中国式现代化理论本身面向实践，这一经过实践检验、富有实践伟力的理论成果才能够指导实践并展现出强大生命力。马克思认为，"人的思维是否具有客观的真理性，这不是一个理论的问题，而是一个实践的问题"。其中蕴含着理论与实践如何能够实现良性互动的问题。要实现良性互动，就要确保理论的成立不是抽象意义上的自洽，而是在理解人的活动是"对象性的活动"基础上基于实践本身的建构。

中国式现代化实践逻辑的价值

中国式现代化始终坚持"实践唯物主义"，在这个意义上它能够真正融入实践并解决问题，从而与人类社会的发展形成良性互动。

一是能够更好地促进理论和实践结合，打通理论融入实践的"最后一公里"。实践逻辑在某种程度上是要确保理论不脱离实践。马克思主义理论强调实践是认识的源泉,而理论只有在实践中才能得到验证。这表明,理论必须反映和服务于实践的需要,理论的建构和发展都依赖于实践的基础。中国式现代化坚持问题导向,强调理论和实践的统一,理论的有效性必须在特定的历史和社会背景中被验证且不应该脱离实践。

二是能够客观地正视国情,指导我国实践发展。推进中国式现代化,要坚持把马克思主义基本原理同中国具体实际相结合、同中华优秀传统文化相结合。正视国情意味着应考虑我国独特的历史和发展轨迹。与中国的具体实际相结合,意味着政策和发展战略应与中国的社会、经济和政治状况相协调,以满足国家的具体需求。同时,我国丰富的优秀传统文化资源为现代社会提供了养分,"中国式现代化赋予中华文明以现代力量,中华文明赋予中国式现代化以深厚底蕴"。实践逻辑确保了中国式现代化始终以实践要求为导向,推动现代化发展进程。

三是能够提供行动指南,为发展中国家实现现代化提供实践逻辑的参照。习近平总书记指出:"中国式现代化,打破了'现代化=西方化'的迷思,展现了现代化的另一幅图景,拓展了发展中国家走向现代化的路径选择,为人类对更好社会制度的探索提供了中国方案。"这种现代化模式不仅为中国自身的发展提供了坚实的理论基础,还为其他发展中国家提供了宝贵的经验和可行的路径。它强调了理论和实践之间的互动性,指出现代化发展必须建立在坚实的理论基础上,并在实践中不断验证和完善。

中国式现代化的政治逻辑及其价值

中国式现代化背后的理论逻辑、历史逻辑和实践逻辑三者相互交织,构成了整体性的逻辑关联结构。这一结构为理解中国式现代化背后的科学问题提供了全景视角和基础逻辑体系。然而,仅仅停留在最本质层面的研究是不够的。通过对中国式现代化发展实际进行分析,可以看到"政治"维度应当是一个极其重要的维度,需要将整体的逻辑关联结构思维具体到政治领域形成"政治逻辑",并基于此对中国式现代化进行深入思考。需要说明的是,"把推进中国式现代化作为最大的政治"中的"政治"内涵,与这里所探讨的政治逻辑的"政治"内涵并不完全一致,但具有极大的相关性。通过把握中国式现代化的政治逻辑,探索其理论根基、原创性论断及其价值,对于从政治层面理解和推进中国式现代化具有重要意义。

中国式现代化政治逻辑的理论根基

政治逻辑指的是对政治领域存在物内在机理及其相互关系的认识和把握。政治领域的存在物大致可以分为两类:一是现实载体层面的存在物,如政党、国家、政治制度等;二是价值观念层面的存在物,如民主、公平、正义等政治理念。

在政治领域,人们通常会将"民主"作为现代政治的重要特征。

以资本为中心的现代化凭借对政治领域存在物认识在先的优势，获得对民主内在机理的优先解释权，并基于此形成一套政治制度和运行体系。当前，在西方资本主义国家，参与投票选举几乎成为公民行使民主权利的单一方式，而且这些国家大都推崇"一人一票"的票决制。究其根本，以资本为中心的现代化从"原子式"的人这一错误前提假设出发，提出每个人基于个人理性决策进行投票，基于少数服从多数的原则，结果带来整体利益的最大化。但从实际结果来看，并非如此。机械遵循票决制的"个人"都处在资本主义制度下，受到资本逻辑的宰制。在具体选举和投票环节，资产阶级利益集团会利用自己的资金优势和信息优势等干预公民的投票，影响选举的结果。最终，这一选举制度成为资产阶级谋利的工具，其打着"民主"的旗帜和口号，实际上带来的是所谓"民主"的失败。

不同于西方抽象的民主政治制度，中国式现代化继承了马克思关于政治逻辑的理论判断，把"现实的人"的民主诉求摆在重要地位。马克思年轻时就十分关注普鲁士的政治问题，在《莱茵报》工作期间发表了许多政治评论文章。在《关于林木盗窃法的辩论》一文中，他就考虑到物质利益问题对人的影响及其在政治生活中的作用。他在《黑格尔法哲学批判》中强调，"在君主制中是国家制度的人民；在民主制中则是人民的国家制度"，"不是国家制度创造人民，而是人民创造国家制度"。此外，马克思还提出资本主义国家民主共和制度也不过是"公开实行阶级恐怖和有意侮辱'群氓'的体制"，"实际上，国家无非是一个阶级镇压另一个阶级的机器，而且在这一点上民主共和国并不亚于君主国",对资产阶级民主制度将经济权力转换为政治特权的过程进行了深刻批判。马克思对人民民主诉求的重视以及对资产阶级民主制度的批判,为中国式现代化的政治逻辑提供了科学的理论依据,使中国走出了一条具有中国特色的全过程人民民主发展道路。

中国式现代化政治逻辑的原创性内涵

中国式现代化政治逻辑是中国共产党在深度把握民主政治发展规律、高度凝练民主政治建设实践经验的基础上形成的,是对马克思主义政治逻辑的丰富与拓展。中国特色社会主义进入新时代,以习近平同志为主要代表的中国共产党人探索形成了关于人民与政党的关系、政党与国家的关系、政治制度的运行机理以及民主的内在机理等的创新性认识,赋予中国式现代化政治逻辑一系列原创性内涵。

第一,中国式现代化扎根"党性"和"人民性",推动中国式现代化政治逻辑的建构。习近平总书记指出,"党性和人民性从来都是一致的、统一的"。中国共产党致力于追求全体人民共同富裕的现代化,把实现人民对美好生活的向往作为现代化建设的出发点和落脚点。这是党性和人民性相统一的集中体现。第二,为坚持和加强党的全面领导,提出"两个维护",即"坚决维护习近平同志党中央的核心、全党的核心地位,坚决维护党中央权威和集中统一领导"。党的领导是推进国家治理体系和治理能力现代化的根本保证,中国式现代化是中国共产党领导的社会主义现代化。将党的领导落实到国家治理各领域各方面各环节,充分发挥了政党领导的积极作用,是对国家治理规律和执政党建设规律的双重把握。第三,在对民主内在机理分析的基础上,提出"全过程人民民主"的重要理念,强调"人民民主是一种全过程的民主",全过程人民民主"是最广泛、最真实、最管用的民主",要"发展全过程人民民主,保障人民当家作主"。例如,我国人民不仅具有民主选举的权利,还具有民主协商、民主决策、民主管理、民主监督的权利,人民的有序政治参与不断扩大,"人民民主"集中反映在了人民当家作主和全过程人民民主的具体实践中。这一系列政治逻辑内涵始终坚持以人民为中心,深刻揭示了人民民主的鲜明特质,提供了一种现代民主政治发展的新形态。

在探讨中国式现代化背后的政治逻辑时,民主是其中一个重要方面,但并非唯一的内容,其他内容同样对理解这一政治逻辑具有重要意义,这亟待学界进一步深入考察和研究。

中国式现代化政治逻辑的价值

深刻认识中国式现代化的政治逻辑,对于解答治国理政难题、维护国家安全稳定和促进社会公平正义具有重大价值,可以为推进新时代中国特色社会主义民主政治建设贡献新思路。

一是中国式现代化背后的政治逻辑为解答治国理政难题提供了新视野,即从"人民性"和"党性"的相互关系中解答治国理政难题。

马克思在分析人的本质时指出,"如果这是一个生活在不论哪种社会形式中的人……那末出发点是,应该具有社会人的一定性质"。可以看到,马克思强调"社会性质"即"社会属性"对理解人的本质上的重要性。中国式现代化尤其注重对人的社会属性的研判,并提出"人民性"和"党性"这两个关键概念,对这两个概念内涵及其相互关系的深刻理解关系到治国理政的出发点和落脚点。习近平总书记多次强调,"人民是历史的创造者,是推进现代化最坚实的根基、最深厚的力量","劳动人民是国家的主人"。中国共产党始终坚持人民立场,坚持全心全意为人民服务的宗旨,"始终代表最广大人民根本利益,与人民休戚与共、生死相依"。由此,党性与人民性从根本上是一致的,"党性寓于人民性之中,没有脱离人民性的党性,也没有脱离党性的人民性"。我国是人民民主专政的社会主义国家,国家的一切权力属于人民,而党始终与人民保持一致,坚持党性实质就是坚持人民性,坚持中国共产党的领导实质就是维护人民根本利益,符合中国特色社会主义发展的根本价值取向。

二是中国式现代化背后的政治逻辑为正确理解和把握政党与国家关系,避免出现类似西方国家党派斗争所引发的政治动荡,维护国家长期安全稳定奠定坚实逻辑基础。以资本为中心的现代化基于原子论所构建的政治学说体系,在西方政治生态中具体表现为"对抗式制度体系"。在这一制度体系下,各党派只有通过竞争选举才能获得国家权力,民主政治不再以维护国家稳定为目标,而逐渐沦为资本权力的附庸,极易引发利益集团的不正当竞争,从而加剧社会对立，引起政治上的不稳定。在中国式现代化的推进过程中，中国共产党始终同人民一道，"没有任何自己特殊的利益，从来不代表任何利益集团、任何权势团体、任何特权阶层的利益"，牢记初心使命，致力于领导人民全面建设社会主义现代化国家。同时，我们党具有勇于自我革命的政治自觉，通过加强党的自身建设保持先进性和纯洁性，并以党的自我革命引领社会革命，为维护国家安全稳定和推动中国特色社会主义伟大事业发展提供坚强保障。

三是中国式现代化背后的政治逻辑强调始终坚持全过程人民民主，有助于实现社会公平正义的奋斗目标。以资本为中心的现代化根本上是服务于资本增殖的，其政治逻辑也必然围绕维护少数资本家利益展开。这违背了民主的原初内涵与目标，即维护人民的权利。不同于以资本为中心的现代化，中国式现代化坚持"全过程人民民主是社会主义民主政治的本质属性"。全过程人民民主不仅注重在参与主体上覆盖全体人民，而且保障人民参与的内容广泛、流程全面。执政党不再是资本家的"提线木偶"，能够真正为人民拓宽民主渠道，实现人民有序参与政治，保证人民依法行使自己的民主权利，进而推动民主法治建设，使得社会公平正义得到坚实保障。

中国式现代化的发展逻辑及其价值

习近平总书记强调："高质量发展是全面建设社会主义现代化国家的首要任务。"社会发展涉及多领域、多方面内容，中国式现代化的发展逻辑包括经济、社会、文化、生态等各领域，科学回答了中国当前的发展阶段、发展格局、发展理念等问题，最终以实现高质量发展为目标任务。

中国式现代化发展逻辑的生成动因

中国式现代化的发展逻辑蕴含深厚的生成动因。它源于中国共产党对现代化的追求、对以资本为中心的现代化发展观的反思以及对现代文明的探索。首先，中国式现代化的发展逻辑生成于后发国家对现代化的追求过程。工业革命以来，资本主义国家通过生产力革命，创造出"比过去一切世代创造的全部生产力还要多，还要大"的生产力，率先实现了现代化。在现代化进程中，中国不断探索实现国家富强、民族复兴、人民幸福的正确道路，将现代化视为发展方向，孕育了中国式现代化的发展逻辑。正如党的二十大报告所指出的："发展是党执政兴国的第一要务。没有坚实的物质技术基础，就不可能全面建成社会主义现代化强国。"

其次，中国式现代化的发展逻辑生成于对以资本为中心的现代化发展观的批判与反思。由于对资本利润的过度追求，资本主义社会虽然创造了巨大生产力，却孕育着周期性的生产过剩危机，继而引发经济停滞、企业破产、工人失业等社会性问题。特别是进入金融资本主义时代以来，对资本价值无限增殖的渴望使得资本主义国家不惜通过政治操纵、文化垄断、生态破坏等手段追求经济增长的量化指标。纵观古典增长理论、新古典增长理论、内生增长理论等，不难发现西方现代化理论过于强调以资本为中心。中国式现代化的发展逻辑则在对这一发展观的反思和超越中形成。

最后，中国式现代化的发展逻辑生成于中国共产党对中华文明的探索过程。习近平总书记指出，"中华文明是世界上唯一绵延不断且以国家形态发展至今的伟大文明"，因而作为中华文明现代性转向的中国式现代化，也必然会区别于西方的发展模式。此外，习近平总书记强调："一个和平发展的世界应该承载不同形态的文明，必须兼容走向现代化的多样道路。"中华文明赋予中国式现代化深厚的历史底蕴和鲜明的精神特色，在中国共产党对中华文明的探索过程中，中华优秀传统文化的精华已深深融入中国式现代化的"中国式"发展特色之中。

中国式现代化发展逻辑的科学内涵

中国式现代化内在包含着中国共产党对于当代社会发展的系列理论创新和重大实践创新，并在中国特色社会主义理论与实践的联动发展中展现出有别于西方现代化的发展逻辑。

一是中国式现代化确立了以人民为中心的发展内核。以资本为中心的现代化归根结底服务于资产阶级的整体利益，追求资本的无限增值。这种资本逻辑主导下的生产方式必然引发周期性危机，给人民生活带来深重苦难，从而注定以资本为中心的现代化发展模式仅仅具备"历史的、过渡的性质"。面对以资本为中心的现代化发展目标的本末倒置，中国式现代化坚持以马克思主义为指导，秉持以人民为中心的发展内核,规范和引导资本健康发展,发挥其作为重要生产要素的积极作用。

二是我国在新时代提出把握新发展阶段,贯彻新发展理念,构建新发展格局,推动高质量发展。在产业资本时代,资本主义国家生产过剩危机成为发展过程中的"梦魇",每隔一段时期必然出现危机,带来失业、停滞、大量破产等社会问题。而进入金融资本时代,人们又要警惕来自西方国家金融化债务化引发的经济泡沫成为潜在威胁全球发展的"不定时炸弹"。面对这样一种"不合比例的、跳跃式的、寒热病似的发展"模式,新古典主义等经济学理论体系没有提出深刻洞见,反而对这些伴随发展而来的一系列问题起到理论粉饰作用。其提出了一系列基于原子式思维的概念、理论,试图将人们的视野引入单纯的数字游戏中。理论上的缺陷进一步引发实践领域资本发展的无序,人类社会仍然面临许多复杂发展难题。

以资本为中心的现代化在资本积极作用主导时期发展状况较好。当前世界百年未有之大变局加速演进,从全球层面来看,资本的消极作用越来越明显,导致全球经济出现重大发展困境。在这一背景下,中国式现代化创造性地思考高质量发展问题,作出了进入"新发展阶段"的重大判断,提出了"必须牢固树立并切实贯彻创新、协调、绿色、开放、共享的发展理念"。这是基于科学世界观和方法论所作出的创新。我们立足中国特色社会主义优势,创新治理体系和治理能力,通过为资本设置"红绿灯",发挥资本积极作用并控制资本消极作用,践行创新、协调、绿色、开放、共享五大发展理念。

如果不推进资本治理，在资本消极作用发挥时期，资本不流向创新领域，就无法实现创新发展；如果不推进资本治理，不同领域资本野蛮生长的程度不同，就无法实现协调发展；如果不推进资本治理，资本的野蛮性使得其不思考外部性问题，就无法实现绿色发展；如果不推进资本治理，资本收割财富的空间越来越小，出现逆全球化潮流，就无法实现开放发展；如果不推进资本治理，资本的虚拟性和垄断性会使得财富集中在少数人手里，就无法实现共享发展。中国通过加强新时代条件下的资本理论研究，推动资本治理理论创新，解答了资本循环问题，很好地推动了国内大循环。在国际领域，我们通过人类命运共同体理念和"一带一路"发展倡议，在某种程度上也能实现对全球层面资本循环的良性带动。面对第四次工业革命所带来的新质生产力发展机遇期，我们通过资本治理这一手段，加快释放新质生产力，推动高质量发展。新发展阶段、新发展理念、新发展格局、高质量发展共同搭建起了富有中国特色、符合中国实际的现代化发展之路。

中国式现代化发展逻辑的价值

准确把握中国式现代化的发展逻辑，既对中国高质量发展具有科学价值，也对全球其他国家思考如何实现高质量发展具有方法论启示价值。

一方面，从中国自身发展需求来看，中国式现代化的发展逻辑深刻回答了中国当前阶段将以何种理念、何种格局、何种动能建设现代化等问题，为我国全面建成社会主义现代化强国指引了方向。其一，中国"进入新发展阶段"是中国式现代化发展逻辑的基本判断。习近平总书记指出："新发展阶段就是全面建设社会主义现代化国家、向第二个百年奋斗目标进军的阶段。"新发展阶段，是在百年变局中，中国实现中华民族伟大复兴的重大历史阶段。其二，新发展理念是中国式现代化发展思路的集中反映。发展理念的正确与否直接关乎发展成效，甚至会决定发展成败。对此，习近平总书记强调："发展必须是科学发展，必须坚定不移贯彻创新、协调、绿色、开放、共享的发展理念。"其三，构建新发展格局是关系中国式现代化发展全局的重大战略任务。只有加快构建新发展格局，才能夯实我国经济发展的根基、增强发展的安全性稳定性，进而"胜利实现全面建成社会主义现代化强国目标"。其四，高质量发展是中国式现代化在当前阶段向前推进的目标要求和不竭动力。中国式现代化主张建设现代化产业体系，依靠创新驱动实现高质量发展。

另一方面，从人类社会发展的一般性来看，中国式现代化为世界各国的共同发展开辟了新的发展空间、创造了新的发展机遇。以资本为中心的现代化虽然取得了一定的物质成就，但最终未能避免陷入资本逻辑主导下的发展困境。中国式现代化的成功则预示着人类社会找到了一条摆脱当前发展困境的新道路。中国式现代化致力于推动高质量发展、促进全球发展繁荣。正如习近平总书记所言："中国正在以中国式现代化全面推进强国建设、民族复兴伟业。我们追求的不是中国独善其身的现代化，而是期待同广大发展中国家在内的各国一道，共同实现现代化。"

中国式现代化的发展逻辑不仅对一国发展以及人类社会发展具有重要指导性意义，而且对各领域具体发展以及系统分析处理各领域之间的联动关系、谋划整体布局等问题也具有深远的指导性意义。中国式现代化的发展逻辑注重整体性和系统性的思维方法，在处理各领域之间的关系时，从整体上把握社会发展的各个方面，强调统筹兼顾、协调推进，注重各领域之间的有机联系和协调发展，形成整体合力。

总结而言，中国式现代化的理论逻辑、历史逻辑和实践逻辑构成了其最本质和最基础的逻辑结构体系。这一体系通过在政治领域的思维具体形成政治逻辑，通过在发展领域的思维具体形成发展逻辑。这五大逻辑之间既相互独立，又相互关联，每一个逻辑都可以进行精细化的研究和建设。通过对这五大逻辑的系统研究，可以更自觉地推动中国式现代化进程，更好地实现中华民族的伟大复兴。这一研究，不仅有助于理解中国式现代化的理论与实践，也为其他国家和地区扎根自身实际推动现代化理论和实践互动，进而实现现代化贡献中国智慧和中国方案。

《马克思主义与现实》（2024 年第 4 期）

人民是历史的创造者，是中国式现代化的主体

尊重人民首创精神

殷 烁

我们党为人民而生、因人民而兴,始终同人民在一起、为人民利益而奋斗。习近平总书记在省部级主要领导干部专题研讨班上指出:"前进道路上,全党要坚持全心全意为人民服务的根本宗旨,树牢群众观点,贯彻群众路线,尊重人民首创精神"。尊重人民首创精神,善于从人民群众中汲取智慧和力量,始终保持同人民群众的血肉联系,就能凝聚起众志成城的磅礴力量,团结带领人民共创历史伟业。

尊重人民首创精神,是由我们党的性质和宗旨决定的,也是我们党百年奋斗积累的宝贵经验,集中体现了马克思主义的历史观、价值观。唯物史观认为,人民群众是历史的主体,是社会物质财富和精神财富的创造者,是实现社会变革的决定性力量。在马克思、恩格斯看来，历史活动是群众的活动，随着历史活动的深入，必将是群众队伍的扩大。毛泽东强调："人民，只有人民，才是创造世界历史的动力。"人民既是历史的"剧中人"，也是历史的"剧作者"。回望百年党史，我们党领导人民经千难而前仆后继，历万险而锲而不舍，在列强侵略时顽强抗争、在山河破碎时浴血奋战、在一穷二白时奋发图强、在改革开放中与时俱进，战胜一个又一个艰难险阻，取得一个又一个辉煌胜利，靠的是始终得到人民群众的拥护和支持。人民是我们风雨无阻、高歌行进的根本力量，人民的参与和奋斗积蓄着推动历史进步的强大势能。

人民群众中蕴藏着无穷的创造潜力和聪明才智。习近平总书记指出："在人民面前，我们永远是小学生，必须自觉拜人民为师，向能者求教，向智者问策"。人民群众的意志、愿望、要求和实践，反映着社会发展趋向，体现着社会发展规律。从"枫桥经验"到小岗村大包干，从塞罕坝植树造林到"小木耳、大产业"，新生事物的产生和发展、思想认识的深化和突破、实践经验的创造和积累，无不来自亿万人民的实践和智慧。中国特色社会主义进入新时代，无论是打赢脱贫攻坚战、全面建成小康社会，还是开展抗击新冠疫情人民战争、总体战、阻击战；无论是围绕党的全国代表大会相关工作开展网络征求意见，还是基层治理中加强调查研究、畅通民意渠道，我们党都坚持以人民为中心，坚持问需于民、问计于民，充分激发蕴藏在人民群众中的创造伟力，在总结群众经验、汇聚群众智慧中获得新认识、作出新概括、形成新成果、推动新发展。

当今世界正经历百年未有之大变局，实现中华民族伟大复兴正处于关键时期，改革发展稳定任务之重、矛盾风险挑战之多、治国理政考验之大都前所未有。进行具有许多新的历史特点的伟大斗争，更加需要尊重人民首创精神，从人民那里获得应对风险挑战、不断开创事业发展新局面的智慧和力量。我们要坚持加强党的领导和尊重人民首创精神相结合，尊重劳动、尊重知识、尊重人才、尊重创造，鼓励人民群众大胆探索、勇于创新，使人民的创造热情得到激发、创造意愿得到尊重、创造实践得到支持、创造才能得到发挥。要及时发现、概括、总结人民群众创造出来的好做法、好经验，使之上升为理论和政策并指导新的实践。

群之所为事无不成，众之所举业无不胜。在全面建设社会主义现代化国家、向第二个百年奋斗目标进军的新征程上，我们必须始终站稳人民立场，坚持人民主体地位，尊重人民首创精神，充分激发人民群众的积极性、主动性、创造性，把亿万人民的智慧和力量凝聚到推动党和国家各项事业上来，紧紧依靠人民群众创造新的历史伟业。

《人民日报》（2022 年 08 月 23 日　第 11 版）

充分激发全体人民的主人翁精神

尹双红

在十四届全国人大一次会议上,关于修改《中华人民共和国立法法》的决定高票通过。修改后的立法法在总则中明确规定了"发挥立法的引领和推动作用,保障和发展社会主义民主"。修改立法法,是贯彻落实习近平法治思想、加强和改进新时代立法工作的重要举措,对于确保立法更好体现人民意志、保障人民权益、激发人民创造力,将产生深远影响。

民主,就是人民当家作主。习近平总书记强调:"人民是我们党执政的最大底气,是我们共和国的坚实根基,是我们强党兴国的根本所在。"从坚持和完善人民代表大会制度这一根本政治制度,到健全为人民执政、靠人民执政各项制度,始终代表最广大人民根本利益,保证人民当家作主,体现人民共同意志,维护人民合法权益,是我国国家制度和国家治理体系的本质属性，也是我国国家制度和国家治理体系有效运行、充满活力的根本所在。

"能用众力，则无敌于天下矣"。只有坚持人民当家作主，才能激发人民群众中蕴含着的丰富智慧和无限创造力。2013年以来，习近平总书记在全国两会上先后56次参加团组审议讨论，同代表委员共商国是、汇聚众智，让人民的所思所盼融入国家发展的顶层设计。从"小院议事厅"到"板凳民主"，从线下"圆桌会"到线上"议事群"，中国人民在火热的基层生活中，摸索创造了一个又一个充满烟火气的民主形式，为中国民主发展不断注入新的动力。事实证明，中国式民主行得通、很管用，中国人民的民主自信更加坚定。

在中国这样一个大国，真正把14亿多人民的意愿表达好、实现好并不容易，必须有中国共产党坚强有力的统一领导。中国共产党始终坚持以人民为中心、坚持人民主体地位，真正为人民执政、靠人民执政。只有坚持党的领导，人民当家作主才能充分实现，国家和社会生活制度化、法治化才能有序推进。早在1954年，"一切权力属于人民"就被写进宪法之中。党的十八大以来，在以习近平同志为核心的党中央坚强领导下，党对发展全过程人民民主的领导进一步加强，人民当家作主制度体系更加健全，全过程人民民主使人民当家作主更好体现在国家政治生活和社会生活之中，激发和凝聚了中国人民奋进新时代的磅礴力量。

涓涓细流汇成浩瀚大海，亿万人民共绘恢弘史诗。全面建设社会主义现代化国家，必须充分发挥亿万人民的创造伟力。前进道路上，无论是风高浪急还是惊涛骇浪，人民永远是我们党最坚实的依托、最强大的底气。在坚持党的领导、人民当家作主、依法治国有机统一中推进社会主义民主政治建设，不断加强人民当家作主的制度保障，更加切实、更有成效地实施人民民主，任何风浪都动摇不了中国人民进行强国建设的钢铁意志，任何困难都阻挡不了中华民族实现复兴的铿锵步伐。

《人民日报》（2023年03月27日 第04版）

突出现代化方向的人民性

任 勇

习近平总书记指出:"我们要坚守人民至上理念,突出现代化方向的人民性。"中国式现代化之所以走得通、行得稳,关键在于坚持以人民为中心,把造福人民作为现代化发展的方向。从温饱不足到衣食无忧,从物资匮乏到物阜民丰,人民生活的巨大改善成为中国式现代化成功推进和拓展的鲜活注脚。

中国式现代化是中国共产党领导的社会主义现代化,以人的现代化为价值原点,始终坚持发展为了人民、发展依靠人民、发展成果由人民共享。党的十八大以来,我们消除了绝对贫困,全面建成小康社会,在解决人民群众急难愁盼问题上取得一系列重大进展,现代化建设成果更多更公平惠及全体人民。中国式现代化的推进过程,正是人民对美好生活的向往不断实现的过程。人民是历史的创造者，是推进现代化最坚实的根基、最深厚的力量。我们尊重人民的主体地位和首创精神，发展全过程人民民主，把人民群众的丰富智慧和无限创造力凝聚到现代化建设事业中。我们能够开辟出一条不同于西方现代化模式的全新道路，用几十年时间走完西方发达国家几百年走过的工业化历程，正是广大人民群众在党的领导下用勤劳、智慧、勇气干出来的。人民是中国式现代化的参与者、建设者、受益者。

习近平总书记强调："现代化不仅要看纸面上的指标数据，更要看人民的幸福安康。"推进中国式现代化，不仅要着力解放生产力、发展生产力，不断夯实物质基础，更要更好回应人民各方面诉求和多层次需要，推动人的全面发展和社会全面进步。党的十八大以来，我们党把实现全体人民共同富裕摆在更加重要的位置上，提高公共服务水平，提高发展的平衡性、协调性、包容性。大力推进美丽中国建设，不断解决老百姓身边的突出生态环境问题，让天更蓝、水更净、空气更清新，既增进人民群众福祉，又促进经济社会可持续发展。中国式现代化的推进和拓展，让人民获得感、幸福感、安全感更加充实、更有保障、更可持续。

中国式现代化的成功实践表明，只有突出现代化方向的人民性，现代化道路才能顺利推进、不断拓展。当今世界，发展鸿沟问题突出，一些国家贫富分化，导致社会撕裂、政治极化、民粹主义泛滥。这说明，即使是已经实现了现代化的国家，如果发展背离人民，也会损害现代化成果。偏离了正确的现代化方向，正是人类当下遭遇的一些现代化问题的症结所在。现代化的本质是人的现代化，最终目标是实现人自由而全面的发展。以人民为中心的中国式现代化，回答了"两极分化还是共同富裕""物质至上还是物质精神协调发展"等现代化之问，体现了科学社会主义的先进本质，从根本上超越了西方以资本为中心的现代化，为人类对现代化道路的探索作出新的贡献。

实现现代化是近代以来中国人民矢志奋斗的梦想，这一梦想归根到底是人民的"幸福梦"。新征程上，要继续锚定人民对美好生活的向往，切实将人民性的价值导向落实到各项决策部署和实际工作中。更加聚焦人民群众普遍关心关注的就业、教育、医疗、文化、住房等民生问题，采取更有针对性的措施，一件一件抓落实，一年接着一年干，在推动高质量发展过程中办好各项民生事业、补齐民生领域短板，推动人的全面发展、全体人民共同富裕取得更为明显的实质性进展。坚持问需于民、问计于民，激励人民更加自觉地投身改革发展事业，一起想、一起干，共同开创中国式现代化更广阔的发展前景。

《人民日报》（2023年09月05日　第09版）

发挥人民群众在文化建设中的主体作用

白启鹏

中国共产党高度重视人民群众在文化建设中的主体作用，始终紧紧依靠人民群众创造精神财富。担负起新的文化使命，必须充分发扬人民群众的历史主动精神。人民群众的社会实践与文化创新创造的关系，历来为马克思主义经典作家所关注。理解和把握马克思主义文化理论中的人民性思想，对于我们深入学习贯彻习近平文化思想，创造属于我们这个时代的新文化，具有重要启示意义。

"历史的活动和思想就是'群众'的思想和活动"

与英雄创造历史、观念创造历史不同，马克思主义的群众史观认为，"人们自己创造自己的历史"，人民群众既是物质财富的创造者，也是精神财富的创造者。在马克思看来，"绝对的批判"的思辨哲学之所以"使自己出丑"，主要原因在于他们的思想并不是代表群众的利益，而是"高高地超越于事物的现状和现实的人之上"的思想。为了消解鲍威尔等把"精神"和"群众"相对立的这种漫画式的唯心主义观点，马克思恩格斯在《神圣家族》中提出："历史的活动和思想就是'群众'的思想和活动。"换言之，历史上的任何思想都是群众的思想，离开群众活动的思想都仅仅是一种"醉醺醺的思辨"。因此，思想的本质是群众的活动。一方面，一切思想都来自群众的创造。"绝对的批判"正是因为把思想理解为"代表积极精神的少数杰出人物"的思想，而忽视甚至否定群众的"利益"，所以才不能"彻底的说服"群众，从而导致理论的失败；另一方面，思想作为一种观念若想得到实现，并在现实中发挥作用，必须要有"使用实践力量的人"。这就意味着，只有通过人的实践活动，才能真正实现思想所代表的意图和目标，进而转化成"改变世界"的"物质力量"。

中国共产党历来坚持人民群众是文化主体的观念。新民主主义革命时期，毛泽东旗帜鲜明地提出，"我们的文化是人民的文化"，"民众就是革命文化的无限丰富的源泉"。从根本上回答了文化的来源问题，即只有人民群众才是文化的真正主体。进入新时代，习近平总书记指出："只要我们紧密联系人民群众、经常深入人民群众、紧紧依靠人民群众，真心拜人民为师，诚心向人民学习，虚心向人民求教，就能够得到源源不断的实践力量和理论智慧。"正是坚持这一理念，党不断从人民群众中汲取理论智慧，把握文化发展规律、总结文化发展经验、创新文化发展理论，促使新时代文化建设蓬勃发展，进而不断夯实中国特色社会主义道路的文化根基。在亿万人民的壮阔实践中，中华民族在文化自信中挺起精神脊梁，"以一个具有高度文化的民族出现于世界"。事实证明，只有坚持文化的人民属性，文化才能真正为实现中华民族伟大复兴提供不竭精神力量。

依靠群众的主动精神实现"文化上的每一个进步"

人民群众不仅是历史的"剧中人"，更是思想文化的"剧作者"。马克思恩格斯在《神圣家族》中提出"历史不过是追求着自己目的的人的活动而已"的观点，阐明了人民群众在思想观念创造中具有历史主动性。在人类社会历史进程中，群众的历史主动性是推动社会历史发展的内生性动力，推动着历史的变革发展。对此，马克思在致路德维希·库格曼的信中指出："这些巴黎人，具有何等的灵活性，何等的历史主动性，何等的自我牺牲精神！"马克思对"巴黎人"的讴歌，客观呈现出人民群众依靠自己的历史主动性不断推进文化创新创造进而建立新政权的事实。

在《德意志意识形态》中，马克思恩格斯指出，"某一民族的政治、法律、道德、宗教、形而上学等"是精神生产的重要内容。文化是一种精神生产，在本质上是人的脑力劳动的结果。但精神生产不是独立的，它源于物质生产实践活动。正如《共产党宣言》所指出的,"精神生产随着物质生产的改造而改造",并且"随着劳动的社会性的发展,以及由此而来的劳动之成为财富和文化的源泉"。换言之,文化的创新发展是随着人民群众的物质生产实践活动而展开的,脱离了人民群众的创造性实践,文化就不能实现进步。因此,文化在本质上是人民群众对象化活动的产物,只有依靠人民群众在改造自然的同时不断创造新的文化样态,才能实现"文化上的每一个进步",而"文化上的每一个进步,都是迈向自由的一步",这正是文化发展的最终目的。

"自从中国人学会了马克思列宁主义以后,中国人在精神上就由被动转入主动。"中国共产党历来注重激发人民群众的主动精神,充分调动人民群众干事创业的热情,为文化发展凝心聚力。无论是从新民主主义革命时期到社会主义革命和建设时期,还是从改革开放和社会主义现代化建设新时期到中国特色社会主义新时代,我们党充分尊重、充分激发全体人民的历史主动精神,守正创新、开拓进取,不断推动中华优秀传统文化创造性转化和创新性发展,不断进行理论创新、文学创作、艺术创作等,谱写了文化发展的新篇章,为坚定文化自信、建设中国特色社会主义事业注入了强大的精神力量。毛泽东提出,"群众有伟大的创造力。中国人民中间,实在有成千成万的'诸葛亮'",他提倡文艺工作者要在与群众的密切联系中创作属于"大众"的文化。在纪念毛泽东同志诞辰130周年座谈会上,习近平总书记指出:"中国式现代化是全体中国人民的事业,必须紧紧依靠人民,汇聚蕴藏在人民中的无穷智慧和力量,才能不断创造新的历史伟业。"创造属于我们这个时代的新文化，从根本上说是广大人民群众自己的实践，群众的实践创造，代表了文化发展的方向。新时代新征程，我们要担负起新的文化使命，就必须把尊重文化发展规律与尊重人民主体地位统一起来，把群众作为智慧和力量的源泉，把群众的实践创造作为源头活水，依靠群众的主动精神推进文化的创新创造，为中国式现代化源源不断注入"文化养料"。

《光明日报》（2024年01月19日　第11版）

始终坚持人民至上的价值取向

董振华

全面从严治党,正是为了解决人民群众反映最强烈、对党的执政基础威胁最大的突出问题,不断厚植党执政的政治基础,始终保持党同人民群众的血肉联系。

人民性是马克思主义的本质属性,人民至上是共产党人的价值立场,人民是我们党的力量源泉和永远立于不败之地的根本。马克思、恩格斯在《共产党宣言》中指出:"过去的一切运动都是少数人的,或者为少数人谋利益的运动。无产阶级的运动是绝大多数人的,为绝大多数人谋利益的独立的运动。"这充分阐明了共产党人"我是谁、为了谁、依靠谁"这一根本问题。我们党的根基在人民,血脉在人民,力量在人民。党的最大政治优势是密切联系群众,党执政后的最大危险是脱离群众。同人民群众保持血肉联系,坚持以人民为中心，我们党就能赢得广大人民群众的高度信赖、真诚拥护和倾力支持。一个政党，一个政权，其前途和命运最终取决于人心向背。我们党长期执政，最关键的是管好党治好党建设好党，确保党始终同人民想在一起、干在一起。

切实抓好群众身边不正之风和腐败问题集中整治，是促进改革成果更多更公平惠及全体人民的必然要求。以人民为中心的发展思想，不是一个抽象的、玄奥的概念，不能只停留在口头上、止步于思想环节，而要体现在经济社会发展各个环节。检验我们一切工作的成效，最终都要看人民是否真正得到了实惠，人民生活是否真正得到了改善，人民权益是否真正得到了保障。习近平总书记指出："人民群众反对什么、痛恨什么，我们就要坚决防范和纠正什么。"人民群众最痛恨腐败现象，我们就必须坚定不移反对腐败；凡是群众反映强烈的问题都要严肃认真对待，凡是损害群众利益的行为都要坚决纠正。全面从严治党，正是为了解决人民群众反映最强烈、对党的执政基础威胁最大的突出问题，不断厚植党执政的政治基础，始终保持党同人民群众的血肉联系。

中国共产党没有自身私利，拥有最彻底的自我革命精神，坚持立党为公，一切为了人民谋根本、谋大利。习近平总书记指出："人民把权力交给我们，我们就必须以身许党许国、报党报国，该做的事就要做，该得罪的人就得得罪。"大道之行，天下为公。我们党没有任何私心杂念，就能坚持真理、修正错误，敢于检视自身、常思己过；不讳疾忌医、不文过饰非，及时发现和解决自身存在的问题，就能有力回击一切利益集团、权势团体、特权阶层的"围猎"腐蚀。当前,反腐败斗争形势仍然严峻复杂,我们对反腐败斗争的新情况新动向要有清醒认识,对滋生腐败的土壤和条件要有清醒认识,以永远在路上的坚韧和执着,精准发力、持续发力,坚决打好这场攻坚战、持久战、总体战。

中国共产党必须充分依靠群众,在人民群众的支持下汲取实现自我革命的政治勇气和力量。"知屋漏者在宇下,知政失者在草野。"人民群众对党的路线方针政策落实情况感受最深切,也最有发言权,反映的问题往往最真实、最可靠、最准确。习近平总书记多次强调:"我们不能关起门来搞自我革命,而要多听听人民群众意见,自觉接受人民群众监督";"人民的眼睛是雪亮的,人民是无所不在的监督力量";"任何人行使权力都必须为人民服务、对人民负责并自觉接受人民监督";党员领导干部要"在倾听人民呼声、虚心接受人民监督中自觉进行自我反省、自我批评、自我教育"。坚持依靠人民创造历史伟业,是我们党永远立于不败之地、不断创造一个又一个奇迹的秘诀所在。我们要在加大人民监督上下功夫,把自上而下的组织监督与自下而上的民主监督有机结合起来,把党内监督同民主监督、司法监督、群众监督、舆论监督等贯通起来,完善人民监督的法律制度保障。

时代是出卷人,我们是答卷人,人民是阅卷人。进入新时代,面对党内党风廉政建设和反腐败斗争的突出问题,我们坚持有腐必反、有贪必肃,不断纯洁干部队伍,维护了党的形象,巩固了红色江山，赢得了确保党不变质、不变色、不变味的历史主动，赢得了党团结带领全体人民为强国建设、民族复兴伟业共同奋斗的历史主动。中国共产党人带领亿万人民在新的伟大革命中，必须一刻不放松地解决自身存在的问题，始终跟上时代、实践、人民的要求，以勇于自我革命精神打造和锤炼自己。

《中国纪检监察报》（2025年01月07日　第05版）

人民群众是浩瀚的力量之海和智慧之海

李笑宇

2023年6月30日,习近平总书记在二十届中央政治局第六次集体学习时指出:"人民作为历史的创造者,不仅是物质财富的创造者,也是精神财富的创造者。人民群众不仅是浩瀚的力量之海,也是浩瀚的智慧之海。"

涓涓细流汇聚成海。海洋具有浩瀚无垠与辽阔深邃的特质,反映出一种大智慧、大气魄和大胸怀。习近平总书记以"力量之海"和"智慧之海"比喻人民群众,生动形象地指明了人民群众的力量是无穷的,人民群众的智慧是无穷的。

人民群众是浩瀚的力量之海。马克思主义经典作家首先揭示了人民群众拥有变革社会、创造历史的磅礴伟力,强调"无产阶级的运动是绝大多数人的、为绝大多数人谋利益的独立的运动"。任何一项伟大事业的成功，都必须从人民群众中寻找根基，从人民群众中汇聚力量，从人民群众中获取动力。一百多年来，中国共产党团结带领各族人民，取得了革命、建设和改革的伟大成就，成功走出了一条中国式现代化道路。习近平总书记指出，"中国式现代化是亿万人民自己的事业，人民是中国式现代化的主体"。人民群众是中国式现代化最可靠、最深厚、最持久的力量源泉。我们要坚持人民主体地位，把实现好、维护好、发展好最广大人民根本利益作为一切工作的出发点和落脚点；完善维护社会公平正义的制度机制，着力保障和改善民生，让现代化建设成果更多更公平惠及全体人民；健全人民当家作主制度体系，拓宽民主渠道、丰富民主形式、完善民主机制，把人民群众有效组织和凝聚起来；推进全面深化改革，紧紧抓住人民群众最关心的、最直接的、最现实的利益问题，提升人民群众对于改革的获得感；走好新时代党的群众路线，在组织群众、宣传群众、引导群众、服务群众中密切党群干群关系。

人民群众是浩瀚的智慧之海。人民群众身处生产生活的第一线，位于创新创造的最前沿，对实践的变化感知最为灵敏、感受最为真实。习近平总书记指出："改革开放在认识和实践上的每一次突破和发展，无不来自人民群众的实践和智慧。"解决问题的办法和思路往往就在人民群众的创造性实践中，这些实践中蕴藏的智慧最为丰富、最为生动，文件中读不到，会场中听不到，办公室里想不到。因此，党员干部要提高群众工作能力，坚持和运用好群众路线这个党的根本工作路线和工作方法，把调查研究做深做实做细，虚心拜人民群众为师、向人民群众学习，把人民群众的智慧激发出来、集中起来、运用起来。与此同时，尊重人民群众的首创精神，甘当人民群众小学生。多搭建干事创业的舞台平台，充分调动人民群众积极性主动性创造性，让人民群众的智慧充分涌流、创造力竞相迸发；注重从人民群众的创造性实践中发现新情况、探索新经验、总结新规律，依靠人民群众的智慧破解改革发展中的矛盾和难题。

一切力量都出于群众身上，一切办法也都由群众创造出来。人民群众是真正的英雄，是决定党和国家前途命运的根本力量。只要我们深深扎根人民群众、紧紧依靠人民群众，就可以获得无穷无尽的力量与智慧。新时代新征程，我们党必将贯彻落实好以人民为中心的发展思想，始终把人民放在心中最高位置，站稳人民立场、把握人民愿望、尊重人民创造、集中人民智慧，不断创造新的历史伟业，不断开创新的历史辉煌。

《学习时报》（2024年06月12日　第A5版）

对"人民群众是历史的创造者"原理的再理解

杨　谦　张婷婷

"人民群众是历史的创造者"的论断和思想是马克思列宁主义、毛泽东思想的一个基本内容。人民群众的历史作用这一命题的提出、人民群众的内涵和外延、领袖人物、英雄人物、剥削阶级、知识分子的具体历史作用分析，这是马克思列宁主义、毛泽东思想早已明确解决了的问题。但是，在20世纪80年代中期，国内个别学者却以苏联30年代一些学者的论点为据，对这一命题的科学性重新提出了质疑。主要争论集中在对人民群众内涵和外延的界定，即在领袖人物、英雄人物、反动阶级、知识分子等社会主体是否"创造历史"问题上。这一质疑经过近10年的争辩终于再次尘埃落定、达成共识，即"人民群众是历史的创造者"是历史唯物主义的基本原理不容否定。近年这一争论又起,争论重点一是从文本入手,认为马克思、恩格斯并未提出这一命题,该命题是苏联教科书体系的引申甚至歪曲。二是从方法论入手,认为该命题采用"两极对立"的思维方式,谈英雄忽视群众,谈"创造"规避"制约",谈"推动"不言"阻碍",缺乏历史唯物主义的辩证性质。这一争论再次凸显了进一步深化历史唯物主义原理研究的必要性。

事实上,马克思主义经典作家虽未明确提出"人民群众是历史的创造者"这一命题,但从历史唯物主义的形成和发展看,人民群众创造历史的主体地位始终贯穿于历史唯物主义发展全过程。"人民群众是历史的创造者"命题也并未割裂群众和领袖在历史发展中的作用,而是集中体现了马克思主义历史辩证法。本文尝试在准确把握经典文本基础上,廓清"人民群众是历史的创造者"争论中的错误观点,明确历史规律和主体选择、历史动力和历史主体、历史必然性和历史偶然性之间的内在逻辑及相互关联,结合习近平新时代中国特色社会主义思想的有关内容,对人民群众创造历史的主体地位和重要作用进行时代辩护。

马克思以前关于历史创造者问题的不同主张

在马克思主义产生之前,关于历史创造者的问题就被广为关注。欧洲中世纪,神学家把历史的发展归功于神意的安排,他们否认人的存在对于历史的意义,把历史看成是由基督教编撰的"天国史",

认为历史的创造者是神、是上帝。哥白尼革命之后,"神创说"遭到"自然发生说"的严厉打击,上帝创造大地的说法站不住脚了,人们开始科学思考历史的形成,明确"地球的形成、生成是一个过程"。意大利哲学家维科发表《新科学》,把人置于社会历史的主体地位,唤醒人类的历史主体意识,强调人的主体性本质。但维科将历史的产生和形成过程建立在观念基础之上,认为"最高理性"支配和决定历史发展。18世纪,法国学者爱尔维修提出"人是环境的产物"的唯物主义观点,认为人本身是受制于环境的,其制约性因素不仅包括自然界,而且包含与人同时代的政治、法律、制度及教育等客观因素,但他未认识到环境的变化与人的实践活动具有一致性,因而没有真正理解环境与人的关系,在社会历史观问题上又陷入"意见支配世界"的颠倒的世界观。19世纪上半期,法国复辟时代的历史学家基佐、梯叶里、米涅等人发现"社会中的不同的阶层及其相互关系",开始注意到环境背后政治制度、法律对历史的作用。但他们并没有把研究深入到探求社会关系形成的动因,而且把人类历史看成一系列"偶然事件",认为历史是由"有产阶级"而非劳动人民、被剥削群众等创造的。空想社会主义者傅立叶、欧文等虽进一步追问财产关系的形成根源,也看到农业、工业等"实业"对财产关系的影响,对劳动群众寄予同情和关怀,却未能将劳苦群众贫困的原因深究到"物质生产",而是用"人的天性"解释历史,对于"从什么地方我们知道人的天性"的问题,又重新陷入用历史说明人性的循环悖谬中。黑格尔首次把自然社会和历史分开,认为历史是独立存在的，但他却将历史的进程与理性联系起来，认为是绝对精神、神圣理性主宰和推动了历史的发展。青年黑格尔派中，布鲁诺·鲍威尔等人意图用英雄史观解释历史，将群众看作"进步和'精神的仇敌'"。费尔巴哈尽管把研究历史的重心转移到人，却将其脚步停留在自然界。费尔巴哈所说的人是生物意义上的、直观的、抽象的、与历史行动毫无关系的人，他反对将"这些人"同历史行动和人类社会联系起来加以研究，这造成费尔巴哈仅是一只脚踏进唯物主义领域，形成"半截子"唯物主义。马克思、恩格斯在《德意志意识形态》中评价说："当费尔巴哈是一个唯物主义者的时候，历史在他的视野之外；当他去探讨历史的时候，他不是一个唯物主义者。"

从认识论看，马克思以前的不同学者对历史创造者问题的错误认识是以唯心主义的历史观为出发点的。这主要表现在：一方面，马克思以前的宗教神学家、哲学家、社会学家等都是从社会意识出发认识历史。他们单纯依凭人民群众处于社会底层和被压迫地位的社会现实，就拒绝承认人民群众的历史创造者地位，将社会历史的发展归功于上帝、神、绝对精神或理论观念，没有认识到上帝、神乃至精神本身都是人自身及其物质生活条件的产物和反映。这种错误的认识路线一是由于历史时代条件的客观限制，二是出于维护自身社会地位的主观考虑和价值判断。另一方面，马克思以前的不同学者只关注历史舞台上的英雄，用英雄史观分析社会历史，将创造历史活动的群体限制在历史中崭露头角的英雄人物或领袖。尽管有部分学者或思想家将审视历史的眼光停留到劳苦大众，但也仅限于同情,而未能认识到劳苦大众的创造作用。列宁在《卡尔·马克思》一文中明确将唯心史观的缺陷归结为两点:"第一,以往的历史理论至多只是考察了人们历史活动的思想动机,而没有研究产生这些动机的原因,没有探索社会关系体系发展的客观规律性,没有把物质生产的发展程度看做这些关系的根源;第二,以往的理论从来忽视居民群众的活动……"

马克思、恩格斯对历史创造者的主要论述

马克思、恩格斯把唯物论和辩证法相结合,从社会存在出发研究人类历史及其发展过程,创立了唯物史观,并以此为方法,正确解决了社会历史发展的一系列问题,科学确立了历史、群众等基本范畴,阐明了社会发展的历史辩证法。马克思指出:"不是人们的意识决定人们的存在,相反,是人们的社会存在决定人们的意识。"承认人民群众的历史创造者地位,是唯物史观与以往社会历史观的根本区别。

首先,马克思、恩格斯确立了科学的"历史"范畴,指出历史概念的两重意蕴:一是注重历史发展的实际进程,从现实存在的历史和现实历史发展中人的社会关系出发,指明"历史不过是追求着自己目的的人的活动而已"。马克思、恩格斯指出,我们研究的所谓历史,不是先于预先存在的纯粹的自然界的历史,而是现实的、活生生的"感性世界"的人的历史,现实的人的感性活动始终创造着

历史的现实和现实的历史。马克思批判"具有德意志狂的血统并有自由思想的"民族主义者热衷于从"史前的条顿原始森林"去寻找历史,指出"如果我们的自由历史只能到森林中去找,那么我们的自由历史和野猪的自由历史又有什么区别呢?"因此,历史不是虚无,坚持历史存在于现实的人类生产活动中是正确认识历史的前提和基础。二是从研究本身出发,把历史看成是"作为研究对象的历史"和"作为方法的历史"。马克思曾明确说哲学是为历史服务的哲学,把历史作为研究对象,主要是为探究历史的生成、特征及发展变化,以求在掌握历史发展规律基础上推动历史发展进程。历史分为自然史和人类史,二者之间相互联系的纽带和桥梁是现实的人的活动。鉴于以往学者大多在人类社会历史的研究上形成误解或曲解,因而"我们需要深入研究的是人类史",即探讨人类史何以存在、何以发展及向何处去的哲学难题,深刻认识和把握人类社会发展的客观进程。

其次,马克思、恩格斯从多维度界定"人民",分析"人民群众"的构成,指明人民群众的历史性和广泛性。他们首先用"无产阶级"概念说明和揭示人民在资本主义社会的社会地位和生存状态,表达鲜明的阶级立场。马克思、恩格斯指出,在资本主义社会,无产阶级由于被剥夺和丧失了一切生产资料而只能专门依靠出卖自身的劳动力去获得继续生存和发展的资料,这决定了无产阶级必然要展开推进社会历史发展的创造性活动以达到维持生命关系及其他关系的活动。马克思、恩格斯在《共产党宣言》中揭示,"人民群众"不仅局限于无产阶级本身,"工业的进步把统治阶级的整批成员抛到无产阶级队伍里去",还有一批"能从理论上认识整个历史运动的一部分资产阶级思想家,转到无产阶级方面来了"。因而人民群众是逐渐扩大的、顺应历史发展的、社会中绝大多数阶级的补充,包含无产阶级及追随无产阶级的队伍。但无产阶级队伍的扩大不是由主观因素决定的,而是基于资本主义社会基本矛盾的难以克服和经济危机的反复出现。伴随生产社会化和生产资料的私有化矛盾的加剧,一切受资产阶级剥削和压迫的阶级都有可能站到资产阶级的对立面即加入无产阶级队伍中来。另外,马克思、恩格斯还以唯物史观为方法,进一步厘清先进无产阶级和反动阶级的关系。反动阶级或剥削阶级是站在人民的对立面的,他们历史活动的动机和目的根本上是为维护本阶级的利益和政治统治服务的,而非致力于推进生产力的发展和历史的进步。无产阶级是大工业生产发展的产物,代表着先进的生产力,其本性具有彻底的革命性和人民性,其历史使命始终是为广大人民群众争取自由独立而进行的反对一切剥削的共产主义运动,这一运动旨在消灭阶级,实现人的自由而全面的发展,"无产者在这个革命中失去的只是锁链。他们获得的将是整个世界"。

马克思、恩格斯还曾通过使用"人们""我们""群众""人民群众"等词来阐释创造历史和推动历史发展的主体与人民群众紧密相关。他们不仅从正面阐明人民群众在创造历史中的重要地位,而且在批判各种错误思潮如虚无的历史观、自发论、泛神论中,表明自己的唯物史观立场。在《神圣家族》中,马克思、恩格斯批判青年黑格尔派从"思想"或"观念"中思考历史，指出"历史的活动和思想"就是群众活动的反映，"随着历史活动的深入，必将是群众队伍的扩大"。在《新莱茵报·政治经济评论》第4期发表的书评上，马克思和恩格斯指责卡莱尔以泛神论为基础将历史发展片面地归功于天才、贤人。在《德意志意识形态》《共产党宣言》《路易·波拿巴的雾月十八日》等文中，马克思、恩格斯还多次用"人们"来替代说明人民群众"自己创造自己的历史。"甚至在1859年《〈政治经济学批判〉序言》中，马克思明确以"人们"这一复数概念总结和阐明唯物史观的基本观点。这些论述说明，马克思、恩格斯虽未明确用人民群众说明历史创造者问题，但其大量的行文及论述已经使"人民群众"呼之欲出。

再次，马克思、恩格斯肯定了人民群众作为历史创造者的重要作用。他们指出，历史的运动不是自发的，自然界不会凭空创造出"机车、铁路、电报、自动走锭精纺机等等"，与社会化大生产相联系的人民群众是社会物质财富的创造者。基于生存和发展的需要，人民群众自觉地从事生产物质生活资料的活动，这种活动是创造和推动历史发展的物质性前提。尽管在不同的历史时期，人民群众的构成、地位、名称等会有所变化，但具有劳动属性的"生产者"身份首先是第一位的。劳动既是人的本质的自我确认，也是推动社会发展的基础。马克思在《致路德维希·库格曼》中说，"任何一个民族，如果停止劳动，不用说一年，就是几个星期，也要灭亡"。人民群众还是精神财富的创造者。针对"处于社会底层的群众仅是为精神文化提供了创作的源泉,但源泉并不等同于创造,占统治地位的阶级更多地创造了精神文化"的错误观点,马克思、恩格斯指出,精神财富和物质财富的区分源于体力劳动和脑力劳动的分工,但"所有以这种或那种方式参加商品生产的人,从真正的工人到(有别于资本家的)经理、工程师,都属于生产劳动者的范围"。精神财富与物质条件密切联系,尽管这种联系随着社会劳动和群众活动的多样性而逐渐被一些中间环节稀释、冲淡了,但始终存在。在《普鲁士"危机"》中,恩格斯还举例论证人民群众的历史创造者地位,将17世纪的英国和18世纪的法国所取得的辉煌成就归功于"平民大众",指出"资产阶级至多不过是一个没有英雄气概的阶级",是工人和农民在无畏的斗争中为其挣得了辉煌灿烂的财富。人民群众在对抗性的社会形态中对社会变革还具有积极的意义,尤其在革命时期,人民群众的这种革命性作用表现得"更丰富,更自觉,更有计划,更有系统,更勇敢和更鲜明"。马克思、恩格斯指出,生产关系的变革不是自发完成的,即使是生产力的发展达到了生产关系难以适应的地步,没有人民群众的社会革命活动,社会制度的更替就难以实现。人民群众不仅能够通过改造生产关系推进生产力的发展,而且能够打破旧的生产力束缚促进社会的革命性变革。

另外,马克思、恩格斯强调,承认人民群众创造历史并不否认个人在历史发展中的地位和作用,要辩证看到群众与领袖的关系。首先,群众需要领袖。这一方面源于群众内部需要领袖的权威和才能,另一方面源于时代发展的需要。群众是个人的联合,为解决联合起来的群众内部的矛盾和冲突，建立统一的意志，群众需要权威，"没有权威，就不可能有任何的一致行动"。领袖作为善于组织运动和领导运动的代表，在捕捉历史契机、发起历史任务、组织和领导社会革命等方面具有较高预见性，能够起到引领和指导人民群众的作用。但领袖的产生是时代发展的产物，并非群众主观选择的结果，他与时代相联系，是时代的产物。其次，领袖联系群众、依靠群众，与群众密不可分。人民群众是政治领袖展开历史创造性活动的限制性因素，领袖人物的历史地位和历史作用何以凸显，体现在其所进行的创造性活动是否能够从根本上代表广大人民群众的根本利益和需求。从数量上讲，尽管领袖具有优秀的才能和精神品质，但人民群众才是历史创造性活动中活跃的大多数，领袖离开了人民群众的支持，胜利的行动就难有保证。从质量上讲，先进的理论源自先进的行动，领袖展开的领导群众性活动的政治智慧和科学才能离不开对群众性活动的经验总结。

综上，尽管"人民群众是历史的创造者"命题不是马克思、恩格斯等经典作家的原话，但是这一命题蕴含的基本思想是同历史唯物主义对待社会历史问题的基本精神相一致的。因此，判断某个命题是否符合马克思主义基本原理，不在于刻板地从经典文本中寻找经典作家是否明确使用过此论句或提法，而是要回归马克思主义的本真精神，在马克思主义的精神内核中探索真理。

"人民群众是历史的创造者"的内在逻辑

"人民群众是历史的创造者"命题之所以反复引起争论,在于对历史主体、历史动力、历史事实、历史价值等相关概念的混淆,未能从根本上厘清这一命题的内在逻辑关系,在评价体系和方法上出现两极对立的形而上学思维方法的误区。综合看,其批判和质疑无外乎以下观点:一是否认人民群众认识或改造世界的可能性;二是把历史活动的性质与历史活动本身混为一谈;三是把社会发展中物的尺度和人的尺度割裂开来;四是把历史人物出现的可能性与必然性、领袖与群众的关系割裂开来。为廓清各种疑虑,需要辩证地分析"人民群众是历史的创造者"命题的内在逻辑。

首先,"人民群众是历史的创造者"命题尊重历史规律和社会主体选择的辩证统一。机械论者否认人民群众认识或改造世界的可能性,认为历史有其自发的形成过程,人民群众在社会规律面前无能为力。事实上,社会规律表现和反映的是人类生存和发展的历史过程,人们能够认识并利用或改造规律,在历史的创造性活动中推动历史发展。但人民群众创造历史的活动是有限性和无限性的统一,一方面,人民群众展开的历史创造性活动受到社会规律的制约。人类活动始终是在既定的生产力基础上进行生产生活的,其生产的社会关系及人的关系又作为异己的力量制约人本身,这是人类全部历史的基础。恩格斯说:"我们只能在我们时代的条件下去认识,而且这些条件达到什么程度,我们就认识到什么程度。"另一方面,社会规律内在地包含人的主观目的、意图,是通过人的有意识的实践活动实现的。与自然规律的自发性和盲目性不同,社会规律具有属人的特性,人的动机、意图等内含于人的活动之中。由于特定历史时期不同阶级或个人所进行的历史活动,其性质和目的都是不同的,因而整个人类的历史就表现为"许多按不同方向活动的愿望及其对外部世界的各种各样作用的合力"。

其次,"人民群众是历史的创造者"命题坚持历史动力和历史主体的辩证统一。有学者在认识"历史创造者"这一问题上,"把历史活动的性质与历史活动本身混为一谈"。或以推动历史发展的进步性历史人物为由,或以占统治地位的阶级运用各种办法掌握社会关系为由,否认"人民群众是历史的创造者"观点,这实质上是混淆了"历史创造者"和"历史推动者"之间的关系,割裂了历史主体和历史动力之间的关系。事实上,以不同阶层身份表现出来的从事各种生产活动的人民群众,是"历史的剧作者"与"历史的剧中人"的统一。从人民群众作为生产力的"活的因素"看,不仅人民群众自身是作为生产力出现的,而且任何历史活动都是以人民群众的物质性生产劳动为基础的。把人民群众看成是"历史的剧作者",既是尊重历史规律的表现,也是对人民群众创造社会财富的体认。从历史发展和人的发展的关系看,尽管人的发展标志和反映着历史发展的程度和水平,但不是任何人的活动都能够在历史发展中起到促进作用,只有代表先进的生产力、且能够展开为推翻阻碍生产力发展的创造性或革命性活动才能推动历史进步。人民群众作为在社会发展中创造着一切社会财富的人们，是社会历史的创造性主体。但需要注意的是，人民群众同样扮演历史的"剧中人"角色，处在特定历史的人们及其创造性活动受到现有的社会生产力水平的制约，人民群众与社会生产力之间形成的是依存、制约、促进和发展的互动关系。

再次，"人民群众是历史的创造者"命题遵循物的尺度和人的尺度的辩证统一。有学者认为，"创造历史的前提是当时社会生产力和生产关系构成的经济条件"。这一观点其实是"只见树木，不见森林"的形而上学观，割裂了物的尺度和人的尺度的辩证关系。在整个人类历史的发展进程中，衡量历史进步的标准是物的尺度和人的尺度。物的尺度是事实层面社会生产发展水平所要求的行动准则，人的尺度是价值层面为人的自身发展表现出来的各种行为或动机。人民群众创造历史的活动满足物的尺度和人的尺度的统一。在对历史客体的正确认识和规律性把握基础上，人民群众能够遵循客体性原则按照其自身的主观意图改造客观世界，以达到服务自身需要的目的。但由于人民群众认识和改造世界的活动受到时代条件、生产水平、知识背景等的限制，"人的尺度"和"物的尺度"在一定范围内或具体的行动中会出现分裂，即不一致性。这就要求人民群众在历史的创造性活动中要不断地自我纠错，自我提升，在认识真理和发展自身中推动历史进步。

最后，"人民群众是历史的创造者"命题肯定历史必然性和偶然性的辩证统一。有学者从阶级社会人民群众的社会状况出发，指出人民群众尤其是劳动阶级由于受到资产阶级的剥削和压迫，其政治参与、文化熏陶、知识教育等都受到较大限制，很难在历史上崭露头角，因而主张从英雄、领袖等个人的思想动机或行为中寻找历史动力的源泉，这其实是典型的英雄史观。它忽视和抹杀了"人民群众是历史的创造者"命题中的历史辩证法，把人民群众和历史人物的关系割裂开来。唯物史观认为，历史人物的出现具有历史的必然性。每一特定历史时期的杰出人物都是适应时代发展的需要而产生的，且只有在催生历史人物产生的社会条件成熟之后，历史人物才会出现，这些历史条件的综合决定着历史人物实际发挥作用的限度。它表明，无论是群众还是伟人都会在创造历史的同时受到历史必然性的制约。但历史人物的出现和历史活动的展开也具有历史的偶然性，这表现在历史人物本身及其出现的具体时间、地点及其进行的具体活动、要完成的历史任务等都具有不确定性和偶然性。对此，恩格斯指出："恰巧某个伟大人物在一定时间出现于某一国家，这当然纯粹是一种偶然现象。"因此，正确认识历史人物，根本上还是要从历史必然性即历史进程中影响人们社会实践活动的客观规律出发，不能将历史人物的性格特征、个人品格等因素看成是历史人物形成和发生作用的决定性因素。

"人民群众是历史的创造者"的时代反思

新时代背景下，以习近平同志为核心的党中央，在准确把握人民群众创造历史的新特点基础上,就坚持人民主体地位和历史作用展开了多方面重要论述,深化和发展了人民群众创造历史的唯物史观。

习近平总书记将"人民"范畴和"历史"范畴具体化,赋予"人民群众是历史的创造者"命题以时代内涵。在"历史"范畴的规定上,习近平总书记指出中国历史的时代定位和发展目标。他追溯和回顾社会主义五百年的发展历史、中国共产党近百年历史、改革开放四十多年的发展历史,结合当前世界发展形势和中国的现实国情,指出中国特色社会主义进入了新时代。新时代中国历史发展的主要目标是社会主义的现代化,为建成社会主义现代化强国,中国必须在提升国家治理能力和健全国家治理体系上下功夫。何为新时代的人民,习近平总书记从"三个关系"进行界定和阐释:就现代化和人民的关系看,人民是从思想上和行动上为推动中国特色社会主义现代化事业而奋斗的"全体社会主义劳动者、社会主义事业的建设者、拥护社会主义的爱国者、拥护祖国统一和致力于中华民族伟大复兴的爱国者",并始终接受和拥护中国共产党的领导。就国家和人民的关系看,人民是国家的主人,保证人民的真实、有效、广泛的当家作主是社会主义的生命。就党和人民的关系看,新时代的人民与中国共产党不仅是鱼水关系更是血肉关系,这表现在:一方面,人民是"决定党和国家前途命运的根本力量",没有人民的支持,党和国家就失去了根基与支柱;另一方面党的领导是人民群众事业胜利的保证,在人民群众的创造性活动中发挥着统领、凝聚、引导、教育等作用。这三层含义从质和量、地位和功能上对新时代的人民进行科学规定，进一步明确"人民群众"的科学内涵。

习近平总书记突出新时代的中国人民具有独特的时代品格和精神特质，认为中国人民是"具有伟大的创造精神的人民""具有伟大奋斗精神的人民""具有伟大团结精神的人民""具有伟大梦想精神的人民"，这种精神特质是中国人民在长期的革命、实践和探索中形成的。它表明，在整个中华民族前进发展的过程中，从农耕劳作到发明创造，从精神生产到文化传承，人民是承担社会财富和社会变革的创造性主体，中国历史的每一项成果都"凝聚着中国人的聪明才智，浸透着中国人的辛勤汗水，蕴涵着中国人的巨大牺牲"。因此，人民的创造精神不容忽视，要重视人民的主体地位，从实实在在的物质生产生活中考察人民的本质。如若抛弃谈人民群众对社会的创造性作用，而单纯地谈人民、谈人民主权及人民品格，不是陷入抽象空泛的言论，就是陷入否定人民地位、抹杀人民作用的历史虚无论深渊。

习近平总书记揭示新时代政党、领袖与群众的关系，创新提出"两个不能"的科学论断，其谦虚谨慎的领袖品格为正确对待人民群众提供实践典范。习近平总书记以人民是共产党人的"衣食父母""老师"喻比，指出无产阶级政党及其领袖是从人民群众中成长起来的，其领导智慧、权力、威信等都是人民赋予的，责任、使命、担当也都是围绕人民利益制定和确立。在人民面前，共产党及领袖要始终保持谦卑姿态和奋斗姿态，坚持马克思主义的公仆观，自觉做"人民的勤务员"。基于无产阶级政党是代表最广大人民利益的先进政党，先进性而非"被剥削的劳动群众"的性质决定了无产阶级政党的"领导者和组织者"地位，习近平总书记提出，要始终坚持党的坚强领导核心作用，保持中国特色社会主义的这个最大优势，带领群众前进。对领袖、伟人的评价问题的探讨，指出要保持科学谨慎的态度认识历史人物，坚持"二分法"。领袖相较于同时代的人们，表现出突出的才干和能力，能够对社会发展和历史创造产生突出的贡献和影响，但是领袖毕竟"是人不是神"，领袖人物的历史活动同普通大众一样，都会受到所处时代的各种客观因素和主观条件的制约。我们需要将历史经验和历史教训同时纳入评价历史人物的视野，坚持"两个不能"的判断标准看待历史人物："不能因为他们伟大就把他们像神那样顶礼膜拜，不容许提出并纠正他们的失误和错误；也不能因为他们有失误和错误就全盘否定，抹杀他们的历史功绩，陷入虚无主义的泥潭。"

习近平总书记还分析指明了我国不同社会主体在社会发展中的地位和贡献。他认为，中国特色社会主义进入新时代，不同阶层的社会主体分别承担着不同的历史创造重任。工人阶级特别是产业工人一方面是创造社会物质财富的"中坚力量"，另一方面是代表先进生产力方向、维持社会稳定和驱动国家创新发展的"骨干力量"，在社会发展过程中发挥着"主力军"作用。中国共产党作为中国工人阶级的先锋队组织，在社会主义现代化建设事业中担任着"主心骨"的角色。党要发挥好中国特色社会主义的领导核心作用，立足时代大视野，统筹中国特色社会主义发展全局，从新时代人民美好生活的现实需要出发,"为中国人民谋利益,为中华民族谋复兴"。习近平总书记还特别强调青年对于中国特色社会主义事业的重大意义,突出青年的"生力军"和"突击队"作用。他强调,当代青年是社会主义建设主体中最活跃的部分,党和国家要重视青年,掌握青年成长成才的规律,为实现中华民族伟大复兴的中国梦积蓄力量。

综上,"人民群众是历史的创造者"是历史唯物主义的真理,坚持人民群众的历史创造者地位和在社会发展中的首创精神是推动历史进步的根本要求。我们要以群众史观,以习近平总书记关于新时代人民群众的重要论述为指引,尊重社会各阶层在社会发展中的贡献和作用,理论上不断丰富群众史观的时代内涵,实践中践行群众观点和群众路线。

《思想理论教育导刊》(2020 年第 1 期)

"人民是历史的创造者"的深刻马克思主义意蕴

邵 鹏

习近平总书记在庆祝中国共产党成立100周年大会的讲话中指出:"人民是历史的创造者,是真正的英雄。"中国共产党的伟大奋斗历程证明,党只有紧紧依靠人民创造历史,坚持全心全意为人民服务的根本宗旨,才能够取得一个又一个胜利,彻底改变中国社会的面貌,真正创造属于中国人民自己的历史。

中国共产党是马克思主义群众观的坚决贯彻者

马克思、恩格斯第一次明确指出:"历史活动是群众的活动,随着历史活动的深入,必将是群众队伍的扩大。"唯物史观认为人民群众是物质生产方式的主体，是社会历史的创造者，从而科学地解决了人民群众在历史上的作用问题。

中国共产党以马克思主义为指导，坚持贯彻唯物史观。中国共产党历代领导人都注重把唯物史观与中国社会发展的现实相结合，把马克思主义群众观推向了一个又一个更高的理论境界。同时，中国共产党人通过践行马克思主义群众史观，领导中国人民投身于社会主义现代化建设中，取得了举世瞩目的伟大成就。中国共产党始终坚持以人民为中心的发展理念，以"为中国人民谋幸福、为中华民族谋复兴"为自己的初心使命。

中国共产党领导人民群众创造了属于中国人自己的历史

"人民群众是历史的创造者"这一唯物史观的基本原理，在中国近现代史的发展长河中能够得到充分体现。历史上，古代中国文明长期居于世界领先水平，为人类文明进步作出了重大贡献。但是，近代以来中华民族饱受西方列强的侵略，中国一步步沦为半殖民地半封建社会，中华民族最为紧迫的任务是救亡图存。虽然无数仁人志士们不断努力抗争，但由于缺乏先进的理论指导，都以失败告终。

中国共产党成立之后，在马克思主义的指导下，确立群众路线，深入发动工农大众，中国历史不断呈现出崭新的面貌。中国共产党的百年历史，就是一部与人民心连心、同呼吸、共命运的历史。可以说，没有中国共产党的领导，人民群众就没有革命的方向；没有人民群众的支持，就没有共产党的胜利。

新中国成立70多年来，中国社会发生了翻天覆地的变化，取得了中国历史上前所未有的成就。"两弹一星"奠定大国地位、国产大飞机彰显航空实力、青藏铁路攀上雪域高原、港珠澳大桥连接最美湾区、高铁建设更加普及、5G网络正铺向全国各地等等。这些伟大成就让中国由任人欺辱的"东亚病夫"成长为令世界刮目相看的东方大国，由国际体系的旁观者转变为世界和平的建设者、全球发展的贡献者、国际秩序的维护者。正是在中国共产党的坚强领导下，中国一步一步走近世界舞台中央。

这一切都离不开党的正确领导，更离不开人民群众的创造伟力，这是全国人民共同奋斗的成果，在中国历史上书写下了浓墨重彩的一笔。一百年来，中国共产党历尽苦难、走向辉煌，深刻改变了近代以来中华民族的历史进程，带领中华民族迎来了从站起来、富起来到强起来的伟大飞跃，向历史交出了一份优异的答卷。因此，中国共产党成为民族复兴使命的合格担当者和最高政治领导力量。

人民群众必将在党的领导下实现中华民族伟大复兴

如今，中国共产党带领中国人民踏上了实现第二个百年奋斗目标新的赶考之路。习近平总书记在讲话中深刻指出："一百年来，我们取得的一切成就，是中国共产党人、中国人民、中华民族团结奋斗的结果。"中国共产党历经波澜壮阔的百年征程，成为领航中国行稳致远的巍巍巨轮。构成这艘历史航船的主体是人民，而这艘巍巍巨轮承载的亦是人民。小小"红船"成为巍巍"巨轮"，在实现第一个百年奋斗目标后继续乘风破浪，稳健地驶向第二个百年奋斗目标。

当下，我们比历史上任何时期都更接近中华民族伟大复兴的目标，但也要清醒认识到，这一历程不会是一帆风顺的，而是充满风险与挑战。全球化进程不可避免地伴生着巨大的风险，中国社会既要深化对外开放，同时又要应对西方国家的挑战。在新时代的长征路上，中国共产党带领中国人民，也一定能够从容不迫地面对惊涛骇浪，从胜利走向新的胜利，真正创造属于中国人民自己的辉煌，书写中国历史的新篇章。

《国家治理》（2021 年第 26 期）

守住人民的心

宋全浩

近日,习近平总书记在美国友好团体联合欢迎宴会上的演讲中再次重申,"中国共产党就是给人民办事的,人民对美好生活的向往就是我们的奋斗目标,就是必须守住的人民的心"。再一次宣示,全心全意为人民服务是中国共产党的宗旨,党团结带领人民推动经济社会发展,根本目的是为了让人民过上好日子,只有不断把人民对美好生活的向往变成现实,才能永远守好守住人民的心。

"守住人民的心",彰显的是人民至上、依靠人民的执政理念。江山就是人民、人民就是江山,中国共产党"打江山、守江山,守的是人民的心",人民在党的心中重逾千钧。革命年代有老百姓说:什么是共产党?共产党就是自己有一条被子,也要剪下半条给老百姓的人。革命、建设、改革一路走来,党的百年奋斗史,就是一部党与人民心连心、同呼吸、共命运的历史。历史经验昭示，我们党之所以能够发展壮大，正是因为依靠了人民；我们党之所以能够得到人民拥护，也正是因为造福了人民。踏上新的长征路，我们党要继续得到人民的拥护和支持，永远立于不败之地，必须坚持一切为了人民、紧紧依靠人民，始终把人民放在心中最高位置，永远保持同人民群众的血肉联系。"把屁股端端地坐在老百姓的这一面""想问题、作决策、办事情都要站在群众的立场上"，我们党是这么说的，也是这么做的。进入新时代以来，从"让老百姓过上好日子是我们一切工作的出发点和落脚点"，到"把为老百姓做了多少好事实事作为检验政绩的重要标准"，从"不惜一切代价"救治新冠患者，到"一个也不能少"如期打赢脱贫攻坚战，一项项实实在在的举措，彰显着共产党人一切为了人民、一切依靠人民的价值底色。

"守住人民的心"，映照的是关注民情、致力民生的实际行动。民之所忧，我必念之；民之所盼，我必行之。人民对美好生活的向往是具体的，守住人民的心也要务实笃行，必须体现在人民群众衣食住行上，落实到民生问题的解决中。习近平总书记强调，"共产党是为人民服务的党。现在我们国家经济实力增强了，更要为人民多做事情。"人民群众的"柴米油盐酱醋茶""教育住房医疗就业"等一件件"小事"，看起来零零碎碎，却一头连着群众最关心最直接最现实的利益需求，一头连着经济社会发展的宏观大局，是"国之大者"的骨架，更是党长期执政的根基。进入新时代，就业、教育、医疗、环境等老百姓的身边事、贴心事、具体事，正逐渐融入国家发展的顶层设计，不断化为老百姓的获得感、幸福感、安全感。迈上新征程，面对人民过上更好生活的新期待，更要坚持以人民为中心的发展思想，始终把人民安居乐业、安危冷暖放在心上，以"时时放心不下"的责任感，着力解决发展不平衡不充分问题和人民群众急难愁盼问题，办好人民群众关心的小事实事，在推动人的全面发展、实现全体人民共同富裕方面取得更为明显的实质性进展。

"守住人民的心"，体现的是顺应民心、尊重民意的坚定担当。"民心是最大的政治"，"人心向背关系党的生死存亡"。人民群众反对什么、痛恨什么，就要坚决防范和打击什么。腐败和不正之风与让人民过上好日子的愿望背道而驰，最为人民群众所厌恶和痛恨，我们就必须坚定不移反对腐败，敢于刮骨疗毒，勇于自我革命。纪检监察工作激浊扬清、惩恶扬善，直接关系人心向背和事业兴衰。要始终把人民群众对美好生活的向往作为纪检监察工作的根本工作导向，既立足当前，从群众普遍关注、反映强烈和反复出现的问题入手，持续纠治就业创业、教育医疗、养老社保、生态环保、安全生产、食品药品安全、执法司法等领域事关群众切身利益的腐败和作风问题；又着眼长远，完善民生领域损害群众利益问题治理机制，加强对各项惠民富民、促进共同富裕政策措施落实情况的监督检查，让人民群众感受到全面从严治党、正风肃纪反腐就在身边，不断厚植党执政的政治基础和群众基础。

《中国纪检监察杂志》（2023年第23期）

唯有凝心聚力、实干奋斗,才能梦想成真

靠奋斗扬起人生理想的风帆

人民日报评论部

人生因奋斗而精彩,青春因拼搏而亮丽。习近平总书记强调:"广大青年要培养奋斗精神,做到理想坚定,信念执着,不怕困难,勇于开拓,顽强拼搏,永不气馁。"奋斗是青春最亮丽的底色。民族复兴的使命要靠奋斗来实现,人生理想的风帆要靠奋斗来扬起。每个青年都应该保持初生牛犊不怕虎、越是艰险越向前的刚健勇毅,勇立时代潮头,争做时代先锋,坚持艰苦奋斗,不贪图安逸,不惧怕困难,不怨天尤人,依靠勤劳和汗水开辟人生和事业前程。

一代人有一代人的长征,一代人有一代人的担当。1939年5月,毛泽东在延安庆贺模范青年大会上发表讲话,标题就是"永久奋斗"。他说:"什么是模范青年?就是要有永久奋斗这一条。"今天,我们的生活条件好了,但奋斗精神一点都不能少,中国青年永久奋斗的好传统一点都不能丢。在实现中华民族伟大复兴的道路上，必然会有艰巨繁重的任务，必然会有艰难险阻甚至惊涛骇浪，特别需要我们发扬艰苦奋斗精神。无奋斗，不青春。幸福都是奋斗出来的，奋斗本身就是一种幸福。为实现中华民族伟大复兴的中国梦而奋斗，是我们人生难得的际遇。每个青年都应该珍惜这个伟大时代，做新时代的奋斗者。

奋斗的道路不会一帆风顺，往往荆棘丛生、充满坎坷。强者，总是从挫折中不断奋起、永不气馁。苏炳添曾一度被腰伤和骨裂困扰，但最终以顽强意志走出低谷，成为第一个站上奥运会男子百米决赛跑道的中国运动员；江梦南半岁时因药物导致失聪，却怀揣"知命不惧，日日自新"的信念，凭借顽强毅力和不懈努力，顺利完成本科和硕士研究生学业，并如愿被清华大学录取；安徽砀山县的李娟，常年卧病在床，可她没有向命运低头，用嘴咬着触控笔做电商，带动乡亲们脱贫致富……顺境不骄、逆境不馁，那些在劈波斩浪中开拓前进的青春担当，那些在披荆斩棘中开辟天地的青春奋斗，那些在攻坚克难中创造业绩的青春奉献，终将成为人生的宝贵财富，汇成时代的无限精彩。坚定百折不挠的进取意志，保持乐观向上的精神状态，变挫折为动力，用从挫折中吸取的教训启迪人生，才能使人生实现升华和超越。

每一项事业，不论大小，都是靠脚踏实地、一点一滴干出来的。奋斗不只是响亮的口号，而是要在做好每一件小事、完成每一项任务、履行每一项职责中见精神。每个岗位都是成就人生的舞台，每个个体都能书写不凡的青春华章。在工厂车间一线，青年工人苦练本领、精益求精，拧好每个螺丝、焊好每个接头，争当"青年岗位能手"，让"中国制造"走向世界；在田间地头，青年农民寒耕暑耘、精耕细作，用科学技术为粮食增产、为土地增效，让中国碗装满中国粮；在城市的大街小巷，快递小哥、外卖骑手风里来雨里去，为千家万户带来便捷……任何事，必作于细，也必成于实。脚踏实地、艰苦奋斗，每一滴汗水都将成为中国故事的青春注脚，每一项成就都将会是共和国大厦的坚实支撑。

梦在前方，路在脚下。自胜者强，自强者胜。"只有认真活一次，奉献精彩的人生演出，才对得住这一生。"曾因博士毕业论文致谢部分在网上引发热议的中国科学院大学工学博士黄国平，在与母校学弟学妹分享人生感悟时如此说道。这是真挚感人的内心独白，也是发人深省的人生信念。牢记"空谈误国、实干兴邦"，立足本职、埋头苦干，从自身做起，从点滴做起，广大青年一定能用勤劳的双手、一流的业绩成就属于自己的人生精彩。

《人民日报》（2022年04月29日 第05版）

以昂扬的精神状态推进中国式现代化

禹宁瑶

习近平总书记指出:"从现在起到本世纪中叶,全面建成社会主义现代化强国、全面推进中华民族伟大复兴,是全党全国人民的中心任务。"我国正处在全面建设社会主义现代化国家开局起步的关键时期,我们既要有只争朝夕的紧迫感,又要保持历史耐心,以昂扬的精神状态扎实推进中国式现代化建设。

保持开拓进取的奋进姿态。实现现代化是中华民族近代以来孜孜不倦的追求。为了实现这一目标,党团结带领人民历经千辛万苦、付出巨大代价,在长期探索和实践中成功推进和拓展了中国式现代化,取得举世瞩目的成就。党的二十大对全面建成社会主义现代化强国两步走战略安排进行了宏观展望。蓝图已经绘就,使命催人奋进。唯有时刻保持只争朝夕的精神状态和开拓进取的奋进姿态,才能赢得未来、实现梦想。要真抓实干、埋头苦干，勇于担当、善于作为，结合具体实际不折不扣地把党中央决策部署落到实处、转化为实效。增强创新精神、提高创新能力，不断提出真正解决改革发展难题、人民群众急难愁盼问题的新思路新举措新办法。增强历史主动，弘扬"拼"的精神、"闯"的劲头、"创"的勇气，在实践中大胆探索，主动抢抓机遇，善于危中寻机、转危为机，不停步、不懈怠，为强国建设、民族复兴作出我们这一代人的应有贡献。

增强接续奋斗的顽强韧劲。党的二十大报告明确概括了中国式现代化5个方面的中国特色，深刻揭示了中国式现代化的科学内涵。习近平总书记强调："这既是理论概括，也是实践要求"。把中国式现代化的中国特色变为成功实践，把鲜明特色变成独特优势，需要付出艰苦努力。比如，我国14亿多人口整体迈入现代化社会，其规模超过现有发达国家人口的总和，艰巨性和复杂性前所未有。只有始终从国情出发想问题、作决策、办事情，既不好高骛远，也不因循守旧，保持历史耐心，坚持稳中求进、循序渐进、持续推进，才能实现目标。又如，我国已经形成促进全体人民共同富裕的一整套思想理念、制度安排、政策举措，促进共同富裕不断取得新成效。同时也要认识到，实现全体人民共同富裕是一个长期的历史过程，不可能一蹴而就，必须保持历史耐心、进行不懈努力。我们要保持战略定力、战略清醒，以"一张蓝图绘到底"的韧劲，一件一件抓落实，一年接着一年干，积跬步以至千里，把宏伟目标变为美好现实。

每一个人都是主角

发扬敢于斗争的无畏精神。推进中国式现代化，是一项前无古人的开创性事业，必然会遇到各种可以预料和难以预料的风险挑战、艰难险阻甚至惊涛骇浪，需要进行具有许多新的历史特点的伟大斗争。要发扬斗争精神，深刻认识矛盾无处不在无时不有、有矛盾就会有斗争，深入学习感悟我们党团结带领人民通过斗争创造伟大成就的艰辛历史，从中汲取精神力量，坚定靠斗争走向未来的决心和意志。要加强斗争本领养成，在思想淬炼、政治历练、实践锻炼、专业训练中着力增强防风险、迎挑战、抗打压的能力，练就逢山开路、遇水架桥的硬功夫。既要敢于斗争，也要善于斗争，坚持运用系统观念破解复杂问题、驾驭复杂局面，主动识变应变求变，下好先手棋、打好主动仗，确保中国式现代化建设稳步推进。

《人民日报》（2023年05月18日 第09版）

在实干奋斗中实现人生价值

吴 丹

学生敬献鲜花，军人重温誓词，青年党员肃立默哀……日前，辽宁沈阳"九·一八"历史博物馆残历碑广场庄严肃穆，布满累累弹孔的巨大石碑如一部翻开的台历，将时间定格在1931年9月18日，无声诉说着92年前那段刻骨铭心的历史。

习近平总书记强调："爱国主义是我们民族精神的核心，是中华民族团结奋斗、自强不息的精神纽带。"无论是"名将以身殉国家，愿拼热血卫吾华"的年轻的左权，还是冰天雪地里与敌人周旋不怕困苦艰难奋斗之模范的杨靖宇，抑或是千千万万前赴后继、丹心报国的热血青年，爱国是他们内心最深层、最持久的情感。民族危亡之际，中国青年高举爱国主义伟大旗帜，众志成城、共御外侮，为民族而战，为祖国而战，为尊严而战。

每一个人都是主角

青年的命运，从来都同时代紧密相连。新民主主义革命时期，青春是漫漫长征路上那一声坚定的"跟着走"，走向柳暗花明的胜利之路；社会主义革命和建设时期，青春是一穷二白下的艰苦奋斗，向科学进军，向困难进军，向荒原进军；改革开放和社会主义现代化建设新时期，青春是勇立潮头，作改革闯将，开风气之先。时代各有不同，青春一脉相承，进入中国特色社会主义新时代，广大青年应坚定理想信念，在矢志奋斗中赓续红色血脉，用实际行动践行"请党放心，强国有我"的铮铮誓言，汇聚起民族复兴的青春力量。

峥嵘岁月中，有一种信仰历久弥新。在黄土垒就的斑驳窑洞里，毛泽东同志以朴素但激动人心的语言，拨开了"亡国论""速胜论"的迷雾，洞见了胜利的未来。众多青年穿越封锁，奔赴延安，在茫茫黑夜中觅得光明。从抗战时期的"革命先锋"到新时代的"复兴栋梁"，一代代有志青年传承红色基因、赓续红色血脉，坚持爱国和爱党、爱社会主义的高度统一，生长出坚如磐石的赤诚信念，谱写出热情浓郁的青春华章。

复兴征程上，有一种力量生生不息。护佑高原百姓健康，"最美医生"索朗片多12年来一人一马，心中写下近1300人的"健康账册"；坚决回击暴力行径，"清澈的爱，只为中国"，解放军战士陈祥榕为保卫祖国边防，将生命永远定格在了19岁。在科研一线，量子科学团队平均年龄35岁，中国天眼FAST研发团队平均年龄仅30岁；在广袤田野，广大青年领办专业合作社、推广现代农业科技、壮大农村新产业新业态，在乡村振兴中展现才华。对新时代中国青年来说，热爱祖国是立身之本、成才之基，只有把青春的小我融入祖国的大我、人民的大我，自觉把浓浓爱国之情凝结为强国之志、报国之行，才能在实干奋斗中实现人生价值，以青春之我创建青春之家庭、青春之国家、青春之民族。

昭昭前事，惕惕后人；铭记历史，吾辈自强。新征程上，必然会有艰巨繁重的任务，必然会有艰难险阻甚至惊涛骇浪，新时代青年接过历史的接力棒，在强国建设、民族复兴伟业中勇当先锋，进一步激发强国有我的爱国热情，努力创造无负时代、无负历史、无负人民的青春业绩。

《人民日报》（2023 年 09 月 17 日　第 05 版）

凝聚建设中国式现代化的磅礴力量

文 军

人民是历史的创造者,是推进现代化最坚实的根基、最深厚的力量。习近平总书记指出:"现代化道路最终能否走得通、行得稳,关键要看是否坚持以人民为中心。"只有坚持以人民为中心的发展思想,才会有正确的现代化观。回顾世界历史,有的国家曾经取得过辉煌成就,但后来遭受了严重挫折,其原因是多方面的,一个重要方面就是其政权脱离了人民。即使是实现了现代化的国家,如果其政权脱离人民,现代化成果也会受到损害。

中国式现代化是亿万人民自己的事业。新时代以来,我们党深入贯彻以人民为中心的发展思想,在成功推进和拓展中国式现代化的同时,推动人民生活全方位改善,让全体中国人民一起向现代化迈进。我们尊重人民主体地位和首创精神,把人民群众的丰富智慧和无限创造力凝聚到现代化建设事业中。我们消除了绝对贫困，全面建成小康社会，在解决人民群众急难愁盼问题上取得一系列重大进展。居民收入增长与经济增长基本同步，建成世界上规模最大的教育体系、社会保障体系、医疗卫生体系，我国成为公认的世界上最安全的国家之一，等等。这充分展现出中国式现代化的人民性，充分证明只有紧紧依靠人民才能推动中国式现代化不断向前发展。

当前，我们已经踏上以中国式现代化全面推进强国建设、民族复兴伟业的新征程。党的二十大强调"不断实现发展为了人民、发展依靠人民、发展成果由人民共享""不断实现人民对美好生活的向往"并作出重要部署，在理论和实践上都具有重要创新意义。

比如，更加突出满足人民对高品质生活的期待。从党的十八大提出"在改善民生和创新管理中加强社会建设"，到党的十九大提出"提高保障和改善民生水平，加强和创新社会治理"，再到党的二十大提出"增进民生福祉，提高人民生活品质"，可以看出我们党始终坚持为民造福的政绩观，同时推动保障和改善民生从"有没有"向"好不好"转变，从"注重量"向"追求质"转变，努力让现代化更好回应人民各方面诉求和多层次需要。

又如，更加强调基本公共服务的均衡性和可及性。从党的十八大提出"加快健全基本公共服务体系"，到党的十九大提出"完善公共服务体系，保障群众基本生活"，再到党的二十大提出"提高公共服务水平，增强均衡性和可及性"，可以看出我国在不断健全完善基本公共服务体系的同时，充分考虑经济社会发展新情况和人民群众新需求，更加关注地区之间、城乡之间、群体之间基本公共服务资源的均衡和有效配置。

再如，更加强调发展为了人民、发展依靠人民。党的二十大提出："坚持在发展中保障和改善民生，鼓励共同奋斗创造美好生活"。为了人民而发展，发展才有意义；依靠人民而发展，发展才有动力。要增强人民发展能力，提升全社会人力资本和专业技能，提高就业创业能力，形成人人参与、人人享有的发展环境。

全面贯彻落实党的二十大精神，深化对中国式现代化建设规律的探索，要围绕充分激发全体人民的历史主动精神加强研究，为凝聚建设中国式现代化的磅礴力量提供学理支撑。要深化对发展全过程人民民主的研究，健全人民当家作主的制度体系，激励广大人民以主人翁精神满怀热忱地投入到现代化建设中；深化对维护社会公平正义的研究，保障人民平等参与、平等发展权利，让每一位辛勤劳动、艰苦奋斗、创新创造者都有梦想成真、人生出彩的机会；深化对在发展中保障和改善民生的研究，更好解决好同人民生活息息相关的就业、教育、医疗卫生、养老托幼、社会保障等民生问题；深化对加强社会治理、走好新时代群众路线的研究，始终同人民同呼吸、共命运、心连心，使中国式现代化拥有最可靠、最深厚、最持久的力量源泉。

《人民日报》（2024年01月29日　第09版）

迎着春风,实干前行

李 斌

"愿得长如此,年年物候新。"春节假期一过,许多地方和单位以时不我待的精气神迅速开展工作,以积极作为的新举措开拓事业新局面。各类社交平台上,"开工大吉"成为热门话题,大家都在凝心聚力鼓干劲、全力以赴新征程。大有可为、大可作为的新一年,令人充满期待。

春回天地间,奋斗正当时。春光渐好,信心愈坚:新质生产力势头好,高质量发展动能足,新发展格局活力涌,分布在全国各地的重大建设项目工地现场一片热气腾腾。春风浩荡,新意满目:从推进经济社会发展全面绿色转型到加快形成支持全面创新的基础制度,从建立高标准市场体系到扩大高水平对外开放,全面深化改革精准发力、协同发力、持续发力,为中国式现代化持续提供动力。

亿万人民正在用自强不息的奋斗和日新月异的创造，描绘着锦绣中国未来的模样。

岁月不居，时节如流。只有走在正确的道路上，才能做时间的朋友，在漫长的岁月中书写历史、创造诗篇。从"一万年太久，只争朝夕"的劲头，到"时间就是金钱，效率就是生命"的观念，再到"同时间赛跑、同历史并进"的状态，党和人民以只争朝夕的奋进姿态，在人类的伟大时间历史中创造了中华民族的伟大历史时间。如今，以中国式现代化全面推进强国建设、民族复兴伟业，我们正走在追求美好幸福生活的光明之路上。时间中藏着怎样的美好、酝酿怎样的奇迹，每一个奋斗者都将是亲历者、见证者。

一往无前，永不停歇，奋斗以梦想为帆。习近平总书记深刻指出："以中国式现代化全面推进强国建设、民族复兴伟业，是新时代新征程党和国家的中心任务，是新时代最大的政治。"胸怀"国之大者"、矢志团结奋斗，关键就要紧紧围绕这个最大的政治，凝聚起全面建设社会主义现代化国家的磅礴伟力，用汗水浇灌收获，以实干笃定前行。

一寸光阴一寸金。在广袤田野、在建设工地、在创业平台、在实验站房，人们正用不懈奋斗、担当作为回馈时光、不负梦想。岗位上精准利用好每一分每一秒时间，才能够创造出更多推动经济社会发展进步的宝贵财富。历史证明，惟奋斗才能不负时间，惟实干才是把握历史主动的方法。我们始终坚信，脚踏实地把每件平凡的事做好，一切平凡的人都可以获得不平凡的人生，一切平凡的工作都可以创造不平凡的成就。

习近平总书记勉励全国人民"振奋龙马精神，以龙腾虎跃、鱼跃龙门的干劲闯劲，开拓创新、拼搏奉献，共同书写中国式现代化建设新篇章"，鼓舞人心的话语，浓浓暖意让人如沐春风，铿锵力量令人意气风发。让我们不负春光，起而行之，一起创造美好未来。

《人民日报》（2024年02月26日　第04版）

靠实干奋斗使人民群众生活越来越好

夏锦文

奋斗创造历史,实干成就未来。习近平总书记在山东考察时指出:"老百姓的幸福生活是干出来的。我们要靠实干奋斗,实现中华民族伟大复兴,使人民群众生活越来越好。"回顾党百余年的奋斗历程,我们党带领人民群众所取得的一切成就,都源于实干、源于奋斗。社会主义是拼出来、干出来、拿命换来的,不干,半点马克思主义都没有,过去如此,新时代也是如此。新征程上,以中国式现代化全面推进强国建设、民族复兴伟业,党员干部更要拼、更要干,当好中国式现代化建设的坚定行动派、实干家,创造经得起历史和人民检验的实绩,使人民群众生活越来越好。

坚持干的导向。天地之大,黎元为先。我们党从成立之日起,就把"人民"二字镌刻在自己的旗帜上,始终坚定站稳人民立场,坚持人民利益高于一切，坚持一切为了人民、一切依靠人民，诚心诚意为人民谋利益。只有坚持人民至上，党员干部干事创业才有价值、才有意义。靠实干奋斗使人民群众生活越来越好，就要坚持干的导向，树立正确的政绩观，把为民办事、为民造福作为最重要的政绩，把为人民群众办了多少好事实事作为检验政绩的重要标准。如果没有正确的政绩观，心里总想着个人的名利、升迁，动作就会变形走样，工作中就容易出现盲目蛮干、哗众取宠、华而不实、投机取巧、急功近利、劳民伤财等问题。党员干部要清醒认识到，自己手中的权力、所处的岗位，是党和人民赋予的，是为党和人民做事用的，只能用来为民谋利，必须想人民之所想、行人民之所嘱，不断把人民对美好生活的向往变为现实，让人民群众的获得感、幸福感、安全感更加充实、更有保障、更可持续。

增强干的动力。"为官避事平生耻"。干事担事，是干部的职责所在，也是价值所在。当前，我们肩负使命任务的艰巨性、面对风险挑战的严峻性、进行伟大斗争形势的复杂性都前所未有，更加需要保持和发扬革命加拼命的精神，让敢为善为、主动作为成为党员干部的鲜明标识。通过实干奋斗让人民群众生活越来越好，就要增强干的动力。首先要增强精神动力。思想认识不提高、党性修养不增强，就难有干事创业的强大精神动力。党员干部要不断筑牢理想信念之基，补足干事创业的精神之钙，坚定战胜各种风险挑战的信心和底气，鼓足锐意进取、担当作为的精气神，以"时时放心不下"的责任感恪尽职守、担当作为。其次要完善相关制度。要完善担当作为的激励和保护机制，健全完善综合考核办法，严格落实"三个区分开来"，旗帜鲜明地为担当者担当、为负责者负责、为干事者撑腰、为创新者鼓劲，更好激发党员干部的积极性、主动性、创造性，形成奋进新征程、建功新时代的浓厚氛围和生动局面。

形成干的合力。齐众心、汇众力、聚众智，是我们党推动事业发展的宝贵经验。只要坚定不移把党中央的决策部署落实到位，心往一处想、劲往一处使、拧成一股绳，我们就能形成无往而不胜的磅礴力量。通过实干奋斗让人民群众生活越来越好，就要形成干的合力。要更加坚定自觉地拥护"两个确立"、做到"两个维护"，自觉在思想上政治上行动上同以习近平同志为核心的党中央保持高度一致，看准了就抓紧干，不折不扣抓落实、雷厉风行抓落实、求真务实抓落实、敢作善为抓落实，形成以钉钉子精神狠抓落实的良好局面。"乘众人之智，则无不任也；用众人之力，则无不胜也。"形成干的合力，就要走好新时代党的群众路线，充分调动人民群众的积极性、主动性、创造性，把人民群众中蕴藏的无穷无尽力量充分激发出来，把各方面的干劲带起来，激励群众依靠自己的双手创造幸福生活。

《人民日报》（2024年06月28日　第09版）

光荣属于每一个挺膺担当的奋斗者

周文文

"无数劳动者、建设者、创业者，都在为梦想拼搏。"在二〇二五年新年贺词中，习近平主席深情寄语，光荣"属于每一个挺膺担当的奋斗者"。这温暖有力的话语，饱含深厚的人民情怀，激荡起团结奋进的磅礴力量，激励亿万中华儿女在新时代新征程上砥砺奋进、勇毅前行，创造出不负历史和时代的荣光。

挺膺担当的奋斗者，是历史的书写者，也是未来的创造者。无数劳动者、建设者、创业者同心筑梦，笃行不怠，用汗水浇灌时代之花，用肩膀扛起民族复兴的重任，生动诠释了奋斗者的家国情怀和责任担当。1979年至2023年，我国经济年均增长8.9%，对世界经济增长的年均贡献率为24.8%，居世界第一位。新时代以来，从集成电路、人工智能、量子科技等科技创新取得重要进展，到传统产业智能化改造和数字化转型持续推进,再到能源结构持续优化,非化石能源消费占比稳步上升,推动发展方式绿色低碳转型……高质量发展不断迈上新台阶。特别是2024年,面对复杂严峻形势,我们沉着应变、综合施策,攻坚克难、砥砺奋进,国内生产总值首次突破130万亿元,粮食总产量首次迈上1.4万亿斤台阶,新能源汽车年产量首次突破1000万辆……这些成绩的取得,离不开每一个中国人不懈奋斗、攻坚克难、辛苦付出,正是我们用努力和汗水推动中国式现代化的车轮滚滚向前。

今天的中国,是梦想接连实现的中国,是一个个奋力奔跑的你我他圆梦的舞台。他们是在巴黎奥运赛场上奋勇争先的中国体育健儿,顽强拼搏、为国争光,彰显青年一代的昂扬向上、自信阳光;他们是奋斗在乡村全面振兴广阔天地里的普通青年,带着新知识、新理念,积极投身乡村建设,发展特色产业和乡村旅游,为农业农村发展增动力、添活力,让古老乡村焕发蓬勃生机;他们是面对自然灾害不畏危险、冲锋在前的广大党员干部,用行动与信念诠释中国共产党人的初心使命;他们是捍卫领土主权、守护家国安宁的子弟兵,翻雪山、穿密林,用坚实的脚印和无畏的身影书写对祖国的忠诚……涓涓细流汇成沧海,块块砖石构筑长城,平凡的奋斗者创造出不平凡的成就,展现出新时代的新风采新风貌,更彰显出新时代中国人的志气、骨气、底气。

如果说时间是奋斗历程的记录者,那么奋斗则为时间标注起特殊的意义。2025年是中国式现代化建设的又一个重要年份,"十四五"

规划目标收官,"十五五"规划建议制定,如期完成目标任务,至关重要。光荣属于每一个挺膺担当的奋斗者,这是对奋斗者的肯定,更是对奋斗者的召唤。推进中国式现代化,是一项前无古人的伟大事业,必然要付出更为艰巨、更为艰苦的努力,必须依靠全体中华儿女的顽强拼搏和无私奉献。遵道而行,但到半途须努力;会心不远,要登绝顶莫辞劳。万众一心、迎难而上,在爬坡过坎中再过一山、再登一峰,就能看到更壮美的风景,拥抱更光明的未来。

点点星火,汇聚成炬。新征程上,每一个人都是主角,每一份付出都弥足珍贵,每一束光芒都熠熠生辉。载梦前行,我们每个人都要更加努力地奔跑,把握时间、抓住机遇,在奋斗中实现价值,在担当中收获成绩。恰如中国共产党的先驱李大钊所言:"黄金时代,不在我们背后,乃在我们面前;不在过去,乃在将来。"让我们怀揣梦想乘风破浪,各展所长、各尽其责,继续用奋斗与努力赋予时间以意义,让你我他的拼搏奉献,汇聚成书写无愧于时代、无愧于人民的壮丽篇章的磅礴力量。

"梦虽遥,追则能达;愿虽艰,持则可圆。"让我们共同挺膺担当、努力奋斗!

《人民日报》(2025年02月11日 第09版)

没有捷径 唯有实干

楚 波

开展任何一项工作,首先看态度,关键看行动,最终看效果。推进中国式现代化,是充满光荣和梦想的远征,没有捷径,唯有实干。求真以尽责,务实以干事,才能创造更多经得起实践和历史检验、让群众满意的业绩。

工作求实效,首先要重视调查研究。当前,世界之变、时代之变、历史之变深入发展,党和国家很多工作面临新环境、新变化、新情况,必须坚持实事求是的思想路线,认真把握实情、了解实际。要大兴调查研究之风,经常到基层、一线、群众中了解情况、听取意见,多向专家学者请教,把基层和群众盼的、急的、忧的问题搞清楚,把工作中的底数、矛盾、堵点、短板、弱项搞清楚,为科学决策、有效落实提供真实可靠的依据。在此基础上,在谋划思路和政策上深进去、实起来，提出更具针对性、可操作性的政策举措。

"政之所兴在顺民心，政之所废在逆民心。"工作价值导向准不准、决策部署对不对、成效结果好不好，人民群众最有发言权。把顶层设计同问计于民统一起来，就必须走好新时代党的群众路线，甘当小学生、拜群众为师，决策前要多征求群众意见建议，实施中充分调动群众的智慧和力量，实施后让群众来评价工作成效。倾听群众意见，尤其要防止形式主义、官僚主义，或是表面虚心诚恳、实则听不进去，或是敷衍了事不以为然，或是尖锐意见被过滤……凡此种种，都是不可取的。要把"面对面"与"背靠背"，"个别听"与"集体谈"结合起来，不断从群众中获取最鲜活的"第一手资料"，汲取智慧和力量，努力使每一项决策都成为正确的、有效的、受到群众拥护和支持的决策。

情况摸准了，决策出来了，关键是抓落实、真担当。当前，我国发展进入战略机遇和风险挑战并存、不确定难预料因素增多的时期，改革发展稳定任务艰巨繁重。从一张白纸到满意答卷，靠的是抓落实；从一项项惠民政策到一件件群众看得见、摸得着的民生实事，需要的是抓落实。但一些党员干部身上存在不作为、慢作为、假作为问题，一些单位部门还在搞看起来热闹、实际上无用的形式主义，群众对此很有意见。要以"朝受命、夕饮冰，昼无为、夜难寐"的状态自我激励、自我加压，发扬斗争精神，在稳增长稳就业稳物价、推动经济企稳回升等战场上担得了重责、扛得起重担。纪检监察机关要强化日常监督，对"躺平"不作为的及时约谈提醒、严肃问责，对因先行先试、推动发展等出现错误或过失的真容错敢纠错，推动营造干部敢为、地方敢闯、企业敢干、群众敢首创的良好发展环境。

大道至简，实干为要，实效为先。抓好落实，没有任何捷径可走。各地各部门和广大党员干部真正做到以真抓实干为荣、以为民服务为乐，就能凝聚起奋进新征程、建功新时代的磅礴力量，不断开创各项事业发展新局面。

《中国纪检监察报》（2023 年 04 月 25 日　第 02 版）

做有格局有情怀的奋斗者

张 钧

胸怀决定格局,情怀成就事业。当前,中华民族伟大复兴战略全局和世界百年未有之大变局历史性交汇,世界之变、时代之变、历史之变正以前所未有的方式展开,中国与世界的关系发生深刻变化。只有创造过辉煌的民族,才懂得复兴的意义。作为新时代的奋斗者,应当具有大格局真情怀,从内心深处唤醒对理想信念的情感认同,激发献身民族复兴伟业的使命认同,勇于在变局困局中开创新局,在大有可为时大有作为。

打开视野格局,涵养"思想者"的情怀。奋斗的作用不仅在于改变一个人的物质化命运,更在于提升思想境界。面对"乱云飞渡"的时代变局,要想成为能干事、有担当的人,必须重视理论、掌握思想,注重提高学习力、思考力、预见力,真正知原意明道义,开眼界提境界。这就要求我们用科学理论尤其是习近平新时代中国特色社会主义思想武装头脑，不断提高理论素养，用马克思主义观察时代、把握时代、引领时代，不断提高政治站位、拓展思维视野、提升思想境界。善于做"桅杆上的瞭望者"，自觉把理论素养和理性思维作为必备本领，坚持不懈学习马克思主义经典著作，努力掌握运用马克思主义中国化时代化最新成果，融会领悟蕴含其中的真要义、活思想和大方法，既知其全貌，又悉其堂奥，贯通学理哲理法理道理情理，力求把所学所获由零散的变为系统的、孤立的变为联系的、粗浅的变为精深的、感性的变为理性的，并与实际紧密结合，回答解决时代发展提出的新课题，真正用实践讲理论、用事实践真知。

打开使命格局，涵养"赶考人"的情怀。实现中华民族伟大复兴，绝不是轻轻松松、敲锣打鼓就能实现的。新时代新征程、新形势新任务，要求我们必须增强历史主动精神，永葆赶考的清醒和坚定，始终保持"在弦上"的赶考姿态、"在肩上"的使命担当、"在路上"的韧劲定力，历练敢于斗争、善于斗争的胆识和本领，做勤于备考、勇于迎考、敢于胜考的"赶考者"，用奋斗和担当答好新时代赋予的考卷。面对历史的接力棒，始终保持"弄潮儿向潮头立"的豪情壮志，以斗争的姿态、战士的担当、革命的激情，勇于在时代激流和风浪中摔打历练，敢想敢干敢闯敢冲，通过做好手头的每一件事、完成好每一项任务砥砺成就自己，让人生因充实而不卑微，事业因奋斗而不平庸。

打开创业格局，涵养"实干家"的情怀。奋斗不只是响亮的口号，更要在做好每一件小事、完成每一项任务、履行每一项职责中见精神、显担当，在本职岗位上践行初心使命，做激流勇进的奋斗者和奋力前行的实干家。始终坚持"静而后能安，安而后能虑"的沉稳静气，坚守淡泊之心，力戒浮躁之气，自觉做到名利上知足、能力上知不足、工作上不知足；始终坚持向实而为、以实求效的工作信条，让一切从实际实效出发成为干事创业的基本理念，注重想实际问题、做有用文章、出鲜活经验，真正让工作冒着热气、带着温度、走心踩实；始终坚持忠诚老实、厚道本分的人生态度，处处以"老实人"自重自律，着力破除假把式、"两面人"那一套，把"塑造好自己"比"教育好别人"看得更重要，把"做得好"比"说得好"看得更重要。

打开修为格局，涵养"守初心"的情怀。初心从哪里开始，奋斗就从哪里启程。要把永葆初心作为逐梦前行的不懈追求，在重拾初心、擦亮初心、焕发初心中保持新时代奋斗者的本色。坚持疏浚思想源头，归正基本取向，从灵魂深处回炉淬火，追问我是谁、从哪来、到哪去？始终不忘学之初、兵之初的进取之心，不忘入党宣誓、组织谈话、晋级升职时的表态之心，不忘领导师长、父母亲朋的嘱托之心，不忘对权力、法纪、责任的敬畏之心，回答好"立志求什么""立业靠什么""立身图什么"，把这些基本问题搞清楚弄明白，从而汲取源头的精神伟力。强化党性观念，时刻把纪律规矩挺在前面，不断加强思想改造、党性锻造和品行塑造,自觉知敬畏、存戒惧、守底线,真正立好精神柱子、打好内涵底子、树好形象样子,行稳致远走好人生长征路。

《学习时报》(2023年04月10日 第A4版)

自觉做勇于担当作为的不懈奋斗者

王宇燕

习近平总书记在2024年春季学期中央党校（国家行政学院）中青年干部培训班开班之际作出重要指示，强调年轻干部要自觉做"党的创新理论的笃信笃行者、对党忠诚老实的模范践行者、矢志为民造福的无私奉献者、勇于担当作为的不懈奋斗者、良好政治生态的有力促进者"。这既是对年轻干部的殷殷嘱托，也是对广大党员干部的明确要求。时代呼唤担当，使命引领作为。我们要深学细悟习近平总书记的重要指示，用心领会担当的要义、准确把握担当的重点、努力提升担当的本领，自觉做勇于担当作为的不懈奋斗者。

深入学习领会习近平总书记重要论述，切实增强担当作为的使命感责任感紧迫感

习近平总书记始终高度重视干部担当作为问题，党的十八大以来，着眼党和国家事业发展全局，作出一系列重要论述，鲜明回答了"为什么要担当作为、怎样能够担当作为"这一重大时代命题，为党员干部在新时代新征程上奋勇争先、干事创业提供了根本遵循。

深刻认识和把握干部担当作为的重大意义。立足党的初心使命，习近平总书记指出，中国共产党执政的唯一选择就是为人民群众做好事，为人民群众幸福生活拼搏、奉献、服务，这种执着追求100多年来从未改变。立足党的事业发展，习近平总书记强调，新时代的伟大成就是党和人民一道拼出来、干出来、奋斗出来的；唯有始终保持锐意进取、敢为人先、迎难而上的奋斗姿态，积极担当作为、敢于善于斗争，才能胜利推进强国建设、民族复兴的历史伟业。立足干部的职责要求，习近平总书记指出，干部敢于担当作为，这既是政治品格，也是从政本分；干事担事，是干部的职责所在，也是价值所在。这些重要论述阐明了干部担当作为的价值逻辑、历史逻辑、现实逻辑，必须以强烈的历史主动精神，坚定扛起强国建设、民族复兴的历史重任。

深刻认识和把握干部担当作为的基本内涵。习近平总书记在多个重要场合反复强调并阐释"五个敢于"的重要论断，强调面对大

是大非敢于亮剑，时刻绷紧旗帜鲜明讲政治这根弦，在大是大非面前、在政治原则问题上做到头脑特别清醒、立场特别坚定，决不拿党的原则做交易。强调面对矛盾敢于迎难而上，只有豁得出去、敢闯敢干，下定"明知山有虎，偏向虎山行"的决心，真刀真枪干，矛盾和困难才可能得到解决。强调面对危机敢于挺身而出，保持只争朝夕、奋发有为的奋斗姿态和越是艰险越向前的斗争精神。强调面对失误敢于承担责任，强化责任意识，知责于心、担责于身、履责于行，敢于直面问题，不回避矛盾，不掩盖问题。强调面对歪风邪气敢于坚决斗争，有秉公办事、铁面无私的精神，讲原则不讲面子、讲党性不徇私情。这"五个敢于"既是对新时代共产党人担当作为内涵的生动诠释，也是对干部积极干事创业的具体要求，体现了担当作为应有的精神状态，必须自觉落实到履职尽责的实际行动中。

深刻认识和把握干部担当作为存在的突出问题。习近平总书记指出，现在广大党员、干部的能力素质和精神状态是好的，但也要清醒看到，干部队伍中不愿担当、不敢担当、不善担当的问题还比较突出。在不作为方面，有的做"老好人""太平官""墙头草"，存在拈轻怕重、敷衍塞责、得过且过等消极现象。在不敢为方面，有的遇到矛盾惊慌失措，遇见斗争直打摆子；有的顾虑"洗碗越多，摔碗越多""为了不出事，宁可不干事"。在不善为方面，有的干事热情很高，但缺乏科学精神、求实态度，结果不仅没有出业绩，反而带来了一堆问题。在乱作为方面，有的重显绩轻潜绩、重面子轻里子，好大喜功、急功近利，热衷于打造领导"可视范围"内的项目工程。对于习近平总书记点出的问题表现，必须本着有则改之、无则加勉的态度，经常对照反思、自警自省，增强愿为、敢为、善为的责任担当。

深刻认识和把握干部担当作为的现实路径。习近平总书记不仅阐明了担当作为"怎么看"，还指明了担当作为要"怎么办"。围绕增强担当作为动力，强调要善于从党的创新理论中汲取踔厉奋发、勇毅前行的精神动力，坚定历史自信、锤炼斗争本领。围绕提高担当作为能力，强调要加快知识更新、加强实践锻炼，使专业素养和工作能力跟上时代节拍。围绕激发担当作为活力，强调要建立健全干部担当作为的激励和保护机制，切实为勇于负责的干部负责、为勇于担当的干部担当、为敢抓敢管的干部撑腰。围绕压实担当作为责任，强调要建立责任追究制度，坚持有权必有责、有责要担当、失责必追究。落实这些重要要求，必须增强靠前担当的意识、练就堪当重任的本领，依靠实干打开事业发展新局面。

紧扣推进中国式现代化生动实践，准确把握干部担当作为的重点要求

在坚定拥护"两个确立"、坚决做到"两个维护"上展现新担当新作为。牢牢把握坚定拥护"两个确立"、坚决做到"两个维护"这一根本原则，时时处处对标对表，把准推进中国式现代化建设的正

确政治方向。不断提高政治判断力，以国家政治安全为大、以人民为重、以坚持和发展中国特色社会主义为本，科学把握形势变化，增强政治敏锐性和政治鉴别力，始终在重大问题和关键环节上头脑特别清醒、眼睛特别明亮。不断提高政治领悟力，深入学习领会习近平新时代中国特色社会主义思想，坚持用以分析形势、推动工作，始终同以习近平同志为核心的党中央保持高度一致。对党中央赋予的重大任务，都自觉从"国之大者"、党之大计的政治高度来领悟、来推进。不断提高政治执行力，坚决维护党中央权威和集中统一领导，切实做到党中央提倡的坚决响应，党中央决定的坚决执行，党中央禁止的坚决不做，自觉把习近平总书记的重要指示要求作为做好工作的根本指针，切实转化为推动现代化建设的实际行动。

在推动高质量发展上展现新担当新作为。切实扛牢高质量发展这一首要任务，找准定位、积极作为，在中国式现代化建设中勇创新路。坚持完整、准确、全面贯彻新发展理念，将其作为推动高质量发展的科学指引，坚决破除唯GDP的路径依赖，决不走以资源换发展、以污染换发展的老路。坚持因地制宜发展新质生产力，发挥资源禀赋、产业基础、科研条件等方面优势，聚焦推进传统产业升级、新兴产业壮大、未来产业培育，加大探索创新力度，推动高质量发展提质增效。坚持更好统筹发展和安全，牢固树立安全重于泰山的理念，增强"一失万无"的底线思维，把各种风险研判在前，把各项工作抓细抓实，守牢"一排底线"，确保"万无一失"。

在造福人民群众上展现新担当新作为。始终坚守让人民过上幸福生活这一价值追求，扎扎实实为民办事、为民造福，让现代化建设成果更好惠及群众。心里始终装着群众，时刻以百姓心为心，把群众放在心中最高位置，始终同群众站在一起、想在一起、干在一起。积极组织发动群众，坚持从群众中来、到群众中去，既"带着"群众干，又"带动"群众干，做群众愿意跟着跑的"火车头"，形成干事创业的合力。主动解决群众难题，把保障和改善民生作为一切工作的出发点和落脚点，积极顺应群众所思所想，立足本职本能，用心用情解决好急难愁盼问题，在干实事、办好事中让群众看到变化、得到实惠。

在践行正确政绩观上展现新担当新作为。自觉坚持"真干才能真出业绩、出真业绩"这一行动遵循，真抓实干、务求实效，作出实实在在的成绩。坚持稳扎稳打、踏踏实实，突出"稳"的节奏，贯穿"实"的要求，更好掌握章法、把控时效，使每项工作都做到稳中求进、以进促稳、先立后破。坚持实事求是、遵循规律，深刻理解实事求是的科学含义和精神实质，深刻把握事物发展规律，始终按实事求是的要求办事。坚持绵绵用力、久久为功，用足够毅力去做好每一件事情，以"功成不必在我"的精神境界和"功成必定有我"的历史担当，创造经得起历史检验的实绩。

在落实全面从严治党要求上展现新担当新作为。坚决落实"全面从严治党永远在路上，党的自我革命永远在路上"这一战略要求，自重自省、守正清廉，以自身清、自身正、自身硬推动营造良好政治生态。做到心有所畏，牢记清廉是福、贪欲是祸的道理，经常对照党的理论和路线方针政策、对照党章党规党纪、对照初心使命，时刻绷紧拒腐防变这根弦，以内无妄思保证外无妄动。做到言有所戒，坚持在党爱党、在党言党、在党忧党、在党为党，违背原则的话不说，有碍大局的话不说，不利团结的话不说，不负责任的话不说，坚决防止"低级红""高级黑"。做到行有所止，谨记权为民所用的道理，增强自制力，严守法纪规矩，严格家教家风，任何时候、任何情况下都不放纵、不越轨、不逾矩。

主动加强学习历练，努力提高担当作为的能力本领

干部担当作为，既要有干事之心，更要有成事之能。党员干部应当带头勤学苦练、努力增长才干，在常修常炼、常悟常进中不断完善自己、提高自己，全面提升履职尽责、担当作为的能力本领。

坚持不懈用党的创新理论凝心铸魂、固本培元。把学好用好习近平新时代中国特色社会主义思想作为首要政治任务，全面提升与推进中国式现代化相适应的政治能力、领导能力、工作能力。努力学出对党的绝对忠诚，在深化内化转化上下功夫，深刻领悟"两个确立"的决定性意义，持续激发担当作为内生动力，切实转化为忠于党、忠于人民、忠于党的事业的政治执行力。努力学出高度的政治站位，跟进学习习近平总书记最新重要讲话和重要指示批示精神，关注习近平总书记和党中央在关心什么、强调什么，明确担当作为的方向，增强把握大局大势的能力。努力学出科学的思维能力，

深入领会习近平总书记治国理政中蕴含的政治智慧，不断增强担当作为的战略思维、历史思维、辩证思维、系统思维、创新思维、法治思维、底线思维能力，提升把握工作规律的能力本领。

持续强化实践锻炼、一线磨练。坚持在学中干、干中学，把扛重活、打硬仗作为锻炼成长、锤炼本领的基本途径。愿挑最重的担子，对于责任重大、艰巨繁重的工作任务，靠前一步主动承担，勇于到高质量发展的前沿一线、重点领域摔打自己，在知重负重中磨砺干事成事的硬功夫。能啃最硬的骨头，对于发展中的难点堵点痛点问题，事不避难、义不逃责，顶住压力向前冲、迎着困难往前走，在攻坚克难中练就担当作为的真本事。善接烫手的山芋，对于历史遗留、风险性大的棘手问题，保持临危不惧、遇险不慌、逢难不惊的定力，在多当几回"热锅上的蚂蚁"中提高应对复杂局面的能力。

自觉运用科学策略、正确方法。学习掌握科学的思想方法、工作方法，及时总结实践中探索的新经验新打法，着力提升工作科学化规范化水平。坚持谋定而后动，大兴调查研究，全面落实"四下基层"制度，切实把上级政策学清楚、把工作现状搞清楚、把基层情况摸清楚，加强科学论证和研判分析，在谋深、谋细、谋实中提升担当作为的能力素养。坚持系统观念，突出"抓具体、具体抓""抓系统、系统抓"，把握好全局和局部、当前和长远、宏观和微观、特殊和一般的关系，不断提高统筹协同、担当干事的能力水平。坚持问题导向，深入分析工作中面临的最突出、最重大、最迫切的挑战，找准突破短板弱项的着力点和切入点，以问题解决提升履职担当的实际本领。

始终保持优良传统、过硬作风。大力弘扬党的光荣传统，涵养求真务实、真抓实干的优良作风，不断提振担当作为的精气神。强化事争一流的作风，放宽视野、打开格局，主动寻标对标，每项工作都着眼追求最高水平、力求做到最好，增强高标准、高质量推动工作的能力水平。强化狠抓落实的作风，将不折不扣抓落实、雷厉风行抓落实、求真务实抓落实、敢作善为抓落实作为担当作为的总要求，完善推动工作落实的闭环机制，当好推进事业发展的执行者、行动派、实干家，把"时时放心不下"的责任感转化为"事事心中有底"的行动力。强化极端负责的作风，把工作放在心上、把心放在工作上，凡事做到守土有责、守土负责、守土尽责，在做好每项具体工作中提高精益求精、精耕细作的能力本领。

《学习时报》（2024年04月01日　第A1版）

在助力国家发展中实现个人价值,在推动时代进步中展现人生风采

为奋进新征程凝心聚力

刘光明　王　强　刘　珂

习近平总书记在学习贯彻习近平新时代中国特色社会主义思想主题教育工作会议上强调："以县处级以上领导干部为重点在全党深入开展学习贯彻新时代中国特色社会主义思想主题教育，是贯彻落实党的二十大精神的重大举措，对于统一全党思想、解决党内存在的突出问题、始终保持党同人民群众血肉联系、推动党和国家事业发展，具有重要意义。"我们要深刻认识开展主题教育的重大意义，以高度的政治自觉、思想自觉、行动自觉，扎实抓好主题教育，为奋进新征程凝心聚力。

统一全党思想意志行动、始终保持党的强大凝聚力、战斗力的必然要求

党的理论创新每前进一步，理论武装就要跟进一步。习近平总书记指出："坚持用马克思主义中国化时代化最新成果武装全党、指导实践、推动工作，是我们党创造历史、成就辉煌的一条重要经验。"新时代新征程，在全党开展好主题教育，推动全党特别是领导干部不断把学习贯彻习近平新时代中国特色社会主义思想引向深入，是统一全党思想意志行动、始终保持党的强大凝聚力、战斗力的必然要求。

马克思主义是我们立党立国、兴党兴国的根本指导思想，拥有马克思主义科学理论指导是我们党坚定信仰信念、把握历史主动的根本所在。党的十八大以来，以习近平同志为主要代表的中国共产党人，坚持把马克思主义基本原理同中国具体实际相结合、同中华优秀传统文化相结合，以巨大的政治智慧和理论勇气，创立了习近平新时代中国特色社会主义思想，开辟了马克思主义中国化时代化新境界。新时代十年，在以习近平同志为核心的党中央坚强领导下，全党坚持不懈用习近平新时代中国特色社会主义思想武装头脑、指导实践、推动工作，实现中华民族伟大复兴进入了不可逆转的历史进程。同时要看到，强国建设、民族复兴是一项前无古人的开创性事业，必然会遇到各种可以预料和难以预料的风险挑战、艰难险阻

甚至惊涛骇浪，奋进新征程尤须以科学理论指引前进方向。

一个民族要走在时代前列，就一刻不能没有理论思维，一刻不能没有正确思想指引。习近平总书记指出："这次主题教育确定以学习贯彻新时代中国特色社会主义思想为主题，就是要推动全党特别是领导干部不断把学习贯彻新时代中国特色社会主义思想引向深入。"领导干部是党和国家事业发展的"关键少数"。深入开展学习贯彻习近平新时代中国特色社会主义思想主题教育，必须发挥好领导干部以身作则、以上率下的重要作用。广大党员干部要紧紧围绕学习贯彻习近平新时代中国特色社会主义思想这一主题，坚持不懈用习近平新时代中国特色社会主义思想凝心铸魂，深刻领悟"两个确立"的决定性意义，增强"四个意识"、坚定"四个自信"、做到"两个维护"，始终在思想上政治上行动上同以习近平同志为核心的党中央保持高度一致。要从思想上正本清源、固本培元，不断提高政治判断力、政治领悟力、政治执行力，心往一处想、劲往一处使，共同把党锻造成一块攻无不克、战无不胜的坚硬钢铁。

推动全党积极担当作为、不断开创事业发展新局面的必然要求

习近平总书记指出："新时代新征程，面对错综复杂的国际国内形势、艰巨繁重的改革发展稳定任务、各种不确定难预料的风险挑战，要实现党的二十大确定的战略目标，迫切需要广大党员、干部

每一个人都是主角

特别是各级领导干部进一步深入学习贯彻新时代中国特色社会主义思想,这是党中央确定在全党开展这次主题教育的主要考量。"深入学习贯彻习近平总书记重要论述,推动主题教育走深走实,我们要着眼实现党的二十大确定的战略目标,把全党全国各族人民的精气神进一步提振起来,凝聚起以中国式现代化全面推进中华民族伟大复兴的磅礴力量。

习近平总书记在党的二十大报告中指出:"从现在起,中国共产党的中心任务就是团结带领全国各族人民全面建成社会主义现代化强国、实现第二个百年奋斗目标,以中国式现代化全面推进中华民族伟大复兴。"完成这一中心任务,是一项伟大而艰巨的事业,前途光明,任重道远。当前,我国发展进入战略机遇和风险挑战并存、不确定难预料因素增多的时期。任务越艰巨、考题越难解,越需要通过主题教育来引导广大党员干部深入学习贯彻习近平新时代中国特色社会主义思想,确保事业发展的正确政治方向,紧扣中心大局认真履行职能、积极担当作为,把党中央决策部署落实下去,把全党全国各族人民的智慧和力量凝聚起来,为实现党的二十大确定的目标任务作出积极贡献。

习近平新时代中国特色社会主义思想是党和人民奋进新征程的行动指南。只有坚持不懈用习近平新时代中国特色社会主义思想凝心铸魂,我们党才能团结带领人民全面建成社会主义现代化强国、实现第二个百年奋斗目标,以中国式现代化全面推进中华民族伟大复兴。对于广大党员干部来说,学习贯彻习近平新时代中国特色社会主义思想，就要切实把学习成效转化为坚定理想、锤炼党性的高度自觉，转化为做好本职工作、推动事业发展的生动实践。把坚定理想信念作为终身课题常修常炼、常悟常进，以勇于担苦、担难、担重、担险的实际行动诠释对崇高理想的坚守、对如磐信念的践行，真正把习近平新时代中国特色社会主义思想转化为坚定理想的强大力量。要一刻不停地加强党性修养和党性锤炼，做到真心爱党、时刻忧党、坚定护党、全力兴党，真正把习近平新时代中国特色社会主义思想转化为锤炼党性的强大力量。在学深悟透、融会贯通的基础上，把"六个必须坚持"的世界观和方法论内化于心、外化于行，真正把习近平新时代中国特色社会主义思想转化为指导实践、推动工作的强大力量。

深入推进全面从严治党、以党的自我革命引领社会革命的必然要求

打铁必须自身硬。习近平总书记指出："开展主题教育是今年党的建设的重大任务。"确保主题教育取得扎实成效，要求我们时刻保持解决大党独有难题的清醒和坚定，善于运用习近平新时代中国特色社会主义思想查不足、找差距、明方向，认真落实新时代党的建设总要求，深入推进全面从严治党，确保党永远不变质、不变色、不变味。

开展主题教育，对于深入推进全面从严治党、以党的自我革命

引领社会革命，具有很强的战略意义和现实针对性。从推进党的建设总体布局看，开展好主题教育，有利于确保全党在政治立场、政治方向、政治原则、政治道路上同以习近平同志为核心的党中央保持高度一致，确保党的团结统一；有利于坚持不懈用习近平新时代中国特色社会主义思想凝心铸魂，用党的创新理论统一思想、统一意志、统一行动。从解决大党独有难题看，开展好主题教育，有利于充分发挥习近平新时代中国特色社会主义思想改造主观世界和客观世界的强大思想武器作用，持续深入破解大党独有难题。从党的自我革命看，开展好主题教育，有利于始终坚持问题导向，保持战略定力，发扬彻底的自我革命精神，永远吹冲锋号，把严的基调、严的措施、严的氛围长期坚持下去，把党的伟大自我革命进行到底，为强国建设、民族复兴提供坚强保证。

全面建设社会主义现代化国家、全面推进中华民族伟大复兴，关键在党。经过党的十八大以来全面从严治党，党内许多突出问题得到解决，但是党面临的"四大考验""四种危险"以及"四个不纯"长期存在，管党治党一刻也不能放松，决不能有松劲歇脚、疲劳厌战的情绪。习近平新时代中国特色社会主义思想直面新时代管党治党新形势新任务，深刻回答了建设什么样的长期执政的马克思主义政党、怎样建设长期执政的马克思主义政党的重大时代课题，为全党时刻保持清醒和坚定、解决大党独有难题指明了行动方向、提供了根本遵循。我们要扎实开展主题教育，坚持不懈用习近平新时代中国特色社会主义思想凝心铸魂，坚定不移深入推进全面从严治党，教育引导各级党组织和广大党员干部突出问题导向，接受政治体检，打扫政治灰尘，纠正行为偏差，解决思想不纯、组织不纯方面存在的突出问题，不断增强党的自我净化、自我完善、自我革新、自我提高能力，使我们党始终充满蓬勃生机和旺盛活力，始终成为中国特色社会主义事业的坚强领导核心。

《人民日报》（2023年05月09日　第09版）

凝心聚力向"新"行

石 羚

东风拂面万象新。一年一度的全国两会,以中国式现代化进一步凝心聚力,书写了高举旗帜、真抓实干、团结奋进的新篇章。

观察今年两会,"新"是一个关键词。习近平总书记着眼于强国建设、民族复兴伟业,提出"因地制宜发展新质生产力""全面提升新兴领域战略能力"等新论断新要求,进一步指明发展方向。政府工作报告中,"实施产业创新工程""谋划新一轮财税体制改革""加快构建房地产发展新模式""稳步实施城市更新行动"等新举措新安排,明确了具体落实重点。"新"意扑面,涌动着生机,孕育着希望。公布的新政策、凝聚的新共识,鼓舞亿万人民满怀信心走好新的征程。

循"新"出发,向"新"而行,培育发展新动能。回望2023年,电动汽车、锂电池、光伏产品"新三样"出口增长近30%，见证中国制造破茧成蝶，彰显中国科技坚实底气，为经济增长注入新动能。着眼未来，继续巩固和增强经济回升向好态势，既要激活存量，也要创造增量；既要补齐短板，也要锻造长板；既要守住传统优势，也要开辟全新赛道。创新始终是社会生产力提升的关键因素。从人机协作的智慧工厂到车路协同的智慧交通，从风光储氢的新能源体系到算力超强的量子计算机……以科技创新催生新产业、新模式、新动能，实现更多"从0到1"的原始创新和"从1到无穷"的成果转化，就能加速形成新质生产力，推动中国经济走出一条质量更优、韧性更强、动力更足的宽广大道。

倾听民声，改善民生，创造美好新生活。5年前，河南濮阳西辛庄村党支部书记李连成在全国两会上向习近平总书记讲述了乡亲们的八个梦想。这些年来，在党和政府关怀下，西辛庄村的变化特别大，大家一起加油干，正把乡村建设得越来越好。今年全国两会，李连成代表带来新建议，表达村民对美好生活的新期待、新向往。从孩子、房子到菜篮子、钱袋子，保障和改善民生没有终点，只有连续不断的新起点。民之所盼，政之所向。办好一件件"关键小事"，就能让群众的生活"芝麻开花节节高"。

今年5%左右的经济增长预期目标"是一个积极向上、奋力一跳能够实现的目标"，在十四届全国人大二次会议经济主题记者会上，这句话令人印象深刻。如何将全国两会精神转化为发展实绩？惟有拿出奋力一跳的信心志气，激发干事创业的闯劲干劲。看生产一线，车间开足马力，工人干劲充足，一派繁忙景象；看外贸前沿，船舶千帆竞发，班列川流不息，开年实现良好开局；看政府机关，"小钱小气，大钱大方"，集中财力办大事……坚定信心、真抓实干，抓住一切有利时机，利用一切有利条件，看准了就抓紧干，激发全党全社会创造活力，高质量发展就有了源源不断的内生动力。

一棒接着一棒跑，一程接着一程干，锲而不舍向着既定目标砥砺奋进，我们一定能够创造无愧于时代和人民的新业绩。

《人民日报》（2024年03月13日 第04版）

以忠诚、执着、朴实成就大写人生

王克修

英雄是国家和民族最闪亮的坐标。英雄辈出,党和人民事业就会兴旺发达、长盛不衰。在国家勋章和国家荣誉称号颁授仪式上,习近平总书记高度评价英雄模范的丰功伟绩和优秀品格,强调"他们的先进事迹和突出贡献将永载共和国史册,他们忠诚、执着、朴实的优秀品格值得全党全国各族人民学习",号召全党全国各族人民以英雄模范为榜样,团结奋进、砥砺前行,汇聚起共襄强国盛举的磅礴力量。

"天下至德,莫大乎忠"。自古以来,中华民族对忠诚的赞颂与追求赓续不绝,历史长河中涌现出的忠臣义士不胜枚举,忠诚早已成为中国人的精神基因。诸葛亮说:"人之忠也,犹鱼之有渊。鱼失水则死,人失忠则凶。"忠诚,体现为以身许党许国,是英雄模范人物的信念和特质。"共和国勋章"获得者黄宗德，17岁入伍投身革命，在渡江战役、江西剿匪、抗美援朝战争中冲锋在前、屡立战功，为保家卫国英勇奋战。这位出生入死的九旬老人在颁授仪式上发言，一句"只要党和人民需要，我们将义无反顾地奉献自己的一切"，生动诠释了忠诚的底色。"人民艺术家"田华，面对党旗，立下一辈子对党忠诚，永远听党话、跟党走的誓言，她塑造的"白毛女""党的女儿"等家喻户晓的角色，广受人民群众喜爱。如果把人的每项才能比作一串数字中的"0"，若没有忠诚作为最前面的"1"，再多的才能也都于党于国于民无益。英雄模范之所以能成就非凡事业，最大的精神支撑就是以身许党许国的忠诚和担当。

执着是忠于自己所追求、所热爱的东西，并为之倾力投入、奋斗不息。当一个人有了执着的优秀品格，就不会随波逐流，就能矢志不渝地朝着奋斗目标前进。"共和国勋章"获得者王永志，始终把国家的需要作为个人的理想，参与完成研制战略导弹、研发运载火箭、送中国人上太空并筹建"天宫"，这三件事他一干就是一辈子；"共和国勋章"获得者李振声，耕耘田野70余年，只为让中国人吃饱饭、吃好饭；"人民教育家"张晋藩，90多岁了每天仍然工作4到5个小时，他总以"不自满、不偷懒"要求自身，说自己是永不退休的教授……执着意味着对信念的坚守和不断进取的恒心。推进伟大事业，既有风险挑战的严峻考验，也有日常工作中的平凡琐事，更需要长期的拼搏和奉献，需要千千万万个像英雄模范们一样"执着的战士"，铸炼钢铁般的意志，几十年如一日埋头苦干，坚定不移，勇往直前。

朴实体现为真诚待人、踏实做事的态度。一个人要想有所成就,就不能浮躁浮夸、追名逐利。在平凡的工作岗位上忘我工作、无私奉献,不计个人得失,舍小家顾大家,是英雄模范们共同的品质。"人民科学家"赵忠贤,在上世纪七八十年代国内实验条件落后、缺少实验设备的情况下,和同事自己动手打造,为了赶实验进度,他们夜以继日地奋战。每逢获得荣誉的时候,这位朴实无华的科学老人,都希望公众能更加关注获奖名单外默默奉献的团队成员。从码头工人成长为行业楷模的"人民工匠"许振超,人们问他成功的秘诀是什么,他的回答很朴实:"就是精益求精做好本职工作。"英雄模范们踏踏实实做事,敬业勤业精业,成为善于干事创业的岗位能手、行家里手。他们身上这种朴实无华的品格,这种功成不必在我、功成必定有我的崇高精神,是一种伟大无我境界的真实映照。

榜样是看得见的哲理,典型是鲜活的价值引领。英雄模范忠诚、执着、朴实的优秀品格,是新时代所呼唤的优秀品格,也是每一个人应当追求的精神境界。学习和弘扬忠诚、执着、朴实的优秀品格,心怀对党、国家和人民的热爱,认真执着、脚踏实地把每件事做好,每个人都能在平凡岗位上创造不平凡的业绩,绘就中国式现代化更加壮美的锦绣画卷。

《人民日报》(2024年10月29日 第09版)

当好主人翁　唱响凡人歌

李铁林

习近平主席在二〇二五年新年贺词中指出："中国式现代化的新征程上，每一个人都是主角，每一份付出都弥足珍贵，每一束光芒都熠熠生辉。"中国式现代化，每一个人都是参与者、贡献者、见证者、共享者。你我身边，就有许多动人故事，传递着温暖人心的正能量，汇成奔涌向前的时代浪潮。

一笔笔细腻的描摹，能绘就壮美的画卷；一个个微小的音符，能组成宏大的交响。时间，见证一个国家、一个民族在历史长河里勇毅前行的轨迹，也记录每一个普通个体在平凡生活中向上向善的脚步。翻开时光相册，我们看见涓滴细流汇聚成奔腾江河、点点繁星闪耀璀璨星空。

从新疆乌鲁木齐公益儿童村到北京钻石球场，布云朝克特成为首位闯入中网男单四强的本土选手，写下属于自己的"逆袭"故事；从因故辍学到出版两部文学作品，宁夏西海固的"农民作家"单小花把困难化作养料，演绎了属于自己的惊艳盛放；从在锅碗瓢盆、柴米油盐间挤出时间作画，到作品在联合国教科文组织总部展出，清华大学甲所餐厅的"厨师画家"刘涛以勤勉为阶梯，证明了热爱可抵岁月漫长。这些"有志者事竟成"的故事，鼓舞人心，催人奋进。我们为向上攀登的身影而喝彩，为汗水浇灌的果实而欣慰，也从中汲取对梦想的执着与坚韧。

已经脱险又再次赴险，在塌方的路段前下跪拦停后续车辆，黄建度将个人安危置之度外，为更多人筑起生命的"护栏"；无惧艰苦环境，远离亲人与繁华，又一批保定学院的学子奔赴新疆，写下西部支教的续篇；用青春丈量冰封之地，武汉大学南北极科学考察团队在我国极地科学考察史上实现了多个"从0到1"的突破。危难关头，逆行的身影格外伟岸；关键时刻，担当的精神十分闪耀。一次次挺身而出、一位位楷模榜样，鼓舞感召每一个人，激励着更多人"放使干霄战风雨"，振作担当作为、迎难而上的勇气。

自愿签署"在外互帮父母协议"，为独自出门在外的老年人提供力所能及的帮助；报出"暗号"即可免费用餐，在北京、天津、四川成都等地，餐饮经营者自发为困难群众提供爱心套餐；在重庆、浙江台州、安徽合肥等地，街边便利店在夏季接力摆出可免费取用冷饮的"爱心冰柜"，爱心人士捐赠的饮品堆起一座座"小山"，为烈日酷暑下的劳动者送去一抹清凉。凡人善举如静水深流，无声地沁润着社会的每一个角落。这些"人人为我、我为人人"的古道热肠、友爱互助，形塑着社会的和谐与信任，让人们更紧密地凝聚在一起，携手共进、同舟共济。

在数学意义上，十四亿分之一是一个何其微小的数字。或许你也曾思考，普通的个体如何触摸社会的脉搏？平凡的你我怎样唱和时代的凯歌？其实，社会的发展与进步，离不开个人与家国的双向奔赴。我们对未来的美好希冀，离不开每个追梦人的锐意进取，每个勇敢者的挺膺担当，每个仁爱者的和衷共济。众力并，则万钧不足举也。在中国式现代化的图景里，每一个十四亿分之一都不可或缺，有着无限可能。

身处伟大时代，恰逢伟大事业，我们想要度过怎样的人生？是庸庸碌碌还是奋发向上，是随波逐流还是勇立潮头？电焊工人孙景南走进北京人民大会堂，90后航天员遨游星辰大海，"银龄行动"老年志愿者在多个领域发挥余热……不论年龄、性别、职业，这是一个人人皆可成才、人人尽展其才的时代。从乡村全面振兴的沃野，到科技创新的实验室，再到产业变革的赛道，这里有舞台；从加强职业教育和技能人才培养，到多措并举促进高质量充分就业，再到强化人才激励机制，这里有保障。奋进中国式现代化的新征程上，施展才干的舞台无比广阔，每个人都有人生出彩的机会，正是"海阔凭鱼跃，天高任鸟飞"。

梦虽遥，追则能达；愿虽艰，持则可圆。前行道路上，仰望星空又脚踏实地，跋山涉水仍行而不辍，每一个人都能抵达自己的目标。时代大舞台上，每一个人都是主角。在平凡岗位上兢兢业业就是当好主人翁，在日常生活中向善崇德就能唱响凡人歌，为新时代的伟大征程激扬澎湃动力。

《人民日报》（2025年01月08日　第05版）

在攻坚克难中长本领、出业绩

倪明胜

"盖有非常之功,必待非常之人。"去年9月召开的中共中央政治局会议,对广大党员干部提出"要勇于担责、敢于创新,在攻坚克难中长本领、出业绩"的明确要求。推进中国式现代化是一项全新的事业,前进道路上必然会遇到各种矛盾和风险挑战。越是伟大的事业,越是充满艰难险阻,越需要党员干部知重负重,在攻坚克难中练就敢于啃硬骨头、敢于涉险滩的铁肩膀、真本事,创造出无愧时代、不负人民的新业绩。

马克思主义认为,全部社会生活在本质上是实践的。习近平总书记指出:"实践的观点、生活的观点是马克思主义认识论的基本观点,实践性是马克思主义理论区别于其他理论的显著特征。"党员干部开眼界、长见识、增本领的途径有很多,可以向书本学、向先进地区学、向老同志学,也可以通过网络拓展认知边界,这种知识与经验的获取方式固然重要,但最根本的还是要靠实践。"纸上得来终觉浅,绝知此事要躬行。"只有在实践中进行实操和应用,洞悉和掌握事物发展的规律,并在实践中反复检验、不断创新,才能扫除经验盲区、补足能力短板。事实上,越是火热的实践、艰苦的环境、吃劲的岗位,越能磨砺人的品质、考验人的毅力、增长人的才能。在攻坚克难中长本领、出业绩,强调的正是实践的作用。

习近平同志在《摆脱贫困》一书中写道:"共产党人在改造世界的社会实践中提高修养,同时也获得事业的成功,这就是我们常说的'修行靠实践,功到自然成'。在实践中提高修养,在实践中获得成功,是共产党人建功立业应遵循的重要原则。"现实中,许多党员干部学历高、理论强、综合素质好,接受新事物快,发展潜力大。但也要看到,一些从家门到校门再到机关门的"三门"干部,没有吃过苦,没有经受过挫折,没有经历过风雨,缺乏基层一线的摸爬滚打和实践锻炼,在驾驭复杂局面和处理急难险重任务时往往扛不住,难以挑起重担,不能攻坚克难。古人云:"物有甘苦,尝之者识;道有夷险,履之者知。"党员干部结合实际工作需要,坚持干中学、学中干,发扬"四下基层"优良传统,扑下身子"迎考"、沉到一线"解题",在大风大浪、艰难困苦中淬炼锻造,在难事急事和危局险局中磨炼应战,当上几回"热锅上的蚂蚁",多接几次"烫手山芋",才能练就挑大梁、担大任、干大事的本领,也才能在实践与认识的循环跃升中不断获得真知识、找到金点子、闯出新路子、创造新业绩。

伟大事业成于实干。党的十八大以来，以习近平同志为核心的党中央团结带领全党全国各族人民，以巨大的政治勇气和智慧推进全面深化改革，开创了以改革开放推动党和国家各项事业取得历史性成就、发生历史性变革的新局面。当前，面对复杂多变的国内外形势，面对新一轮科技革命和产业变革加速演进态势，面对人民群众对美好生活的新期待，着力解决好发展不平衡不充分的问题，啃下进一步全面深化改革的"硬骨头"，把中国式现代化宏伟事业不断推向前进，更加需要广大党员干部勇于善于攻坚克难，敢于冲在前、干在先，知难而进、迎难而上、向难求成。

在攻坚克难中长本领、出业绩，最终要通过实绩实效来体现。面对困难和挑战，有的党员干部每天忙忙碌碌，结果却一事无成；有的党员干部调研、座谈搞了不少，实际工作却鲜有成效。究其原因，或是缺乏能力，抓不住重点、用不对方法；或是缺少魄力，执行落实不到位；或是心中打着"小九九"，拨着小算盘，不能真正从政治上、全局上想问题、干事情。在攻坚克难中长本领、出业绩，必须树牢正确政绩观，把人民满意不满意、高兴不高兴、答应不答应作为检验工作、评价业绩的根本标准；在实践中上心用心，善于总结思考，不断通过实干巧干真出业绩、出真业绩，不在忙碌中陷入事务主义，真正让改革发展成果惠及广大人民群众。

《人民日报》（2025年01月15日 第09版）

让担当作为蔚然成风

谢兵良

担当作为,既是干部的职责所在,也是价值所在。新时代以来,习近平总书记在许多场合激励干部担当作为,强调"改革发展稳定工作那么多,要做好工作都要担当作为"。在以中国式现代化全面推进强国建设、民族复兴伟业的关键时期,广大党员干部要起而行之、勇挑重担,积极投身改革发展实践,以过硬本领展现作为、不辱使命。

何为担当作为?从字面上看,担当作为就是承担起应尽的责任和义务,发挥出应有的能力和能量,创造出应然的成绩和实效;从辩证法看,担当是作为的前提和基础,作为是担当的体现和成效,二者相辅相成。习近平总书记强调:"担当和作为是一体的,不作为就是不担当,有作为就要有担当。"事业的发展不可能总是一帆风顺,做事总是有风险的，正因如此，才需要担当。有时候越怕事越容易出事，越想绕道走矛盾就越堵着道。相反，只有敢于担当、豁得出去、敢闯敢干，矛盾和困难才可能得到解决。

习近平同志在福建工作期间，推动实施了集体林权制度改革。当时，这项改革是有风险的。习近平总书记在中央党校和中青年干部谈心时回忆，"经过反复思考，我认为，林权改革关系老百姓切身利益，这个问题不解决，矛盾总有一天会爆发，还是越早解决越好"。经过深入调研、反复论证，推出了有针对性的改革举措，形成了全国第一个省级林改文件。"凡是有利于党和人民的事，我们就要事不避难、义不逃责，大胆地干、坚决地干。"习近平总书记深刻诠释了何为担当作为。从这个意义上说，担当作为体现的是一种精神、境界、情怀，一种气魄、责任、勇气，一种智慧、能力、本领。

担当作为是共产党人与生俱来的政治品格。县委书记的榜样焦裕禄，面对兰考风沙、内涝、盐碱"三害"，即便身患重病，也要"拼上老命，大干一场，决心改变兰考面貌"；"当代愚公"黄大发，历时30余年带领群众在悬崖绝壁上开凿出一条"生命渠"，兑现了"水过不去、拿命来铺"的誓言；80后扶贫干部邱军，在生命最后时刻写下"明年牛产业要做大，菊花产业要做强"的嘱托……他们以实际行动诠释着共产党人的初心使命，折射出敢于迎难而上、勇于闯关夺隘、勤于奋斗奉献的干部群像。新时代以来，正是广大党员干部勇于挑重担子、啃硬骨头、接烫手山芋，自觉把"小我"融入"大局"中，党和国家事业发展才不断展现新气象。同时也要看到，现实中党员干部"躺平""摸鱼""划水"现象仍不同程度存在，有的遇到困难绕道走，碰到风险躲着行；有的口号喊得震天响，"只打雷不下雨"；有的层层"甩锅"，能拖就拖；有的信奉"洗碗效应"，缩手缩脚；等等。出现这些现象的原因，既有党员干部政绩观错位、内生动力不足、能力本领不强的内在因素，也有担当作为激励保护机制有待完善等外部原因。

让党员干部担当作为蔚然成风是一项系统工程，需要瞄准症结、科学谋划、综合施策。要着力加强理论武装，持续做好党的创新理论的深化内化转化工作，做到学思用贯通、知信行统一，增强党员干部担当作为的内生动力；强化能力培养，通过精准培训、实践锻炼，促进党员干部优化知识结构、提高专业能力、增强实践本领；树立正确的用人导向，推进领导干部能上能下常态化，把担当作为的党员干部用上来，把不担当、不作为干部调整下去；落实"三个区分开来"，旗帜鲜明为担当者担当、为干事者撑腰；健全关怀关爱机制，从政治上、思想上、生活上、心理上关心关爱党员干部，让他们感受到组织的温暖；完善激励机制，选树、表彰和宣传一批担当作为的典型，激励党员干部见贤思齐、奋发有为。

惟其艰难，才更显勇毅；惟其笃行，才弥足珍贵。新征程上，党员干部要牢记习近平总书记"党把干部放在各个岗位上是要大家担当干事"的殷殷嘱托,树牢担当之志、提升作为之能,在机遇面前主动出击,在困难面前迎难而上,自觉做勇于担当作为的奋斗者,跑好属于我们这代人的历史接力棒。

《人民日报》(2025年01月20日 第09版)

支持青年科技人才挑大梁、当主角

于红波

教育、科技、人才是全面建设社会主义现代化国家的基础性、战略性支撑。青年科技人才是我国科技创新发展的生力军,处于创新创造力的高峰期,是国家战略人才力量的重要组成部分。新时代以来,习近平总书记高度重视青年科技人才队伍建设,要求把培育国家战略人才力量的政策重心放在青年科技人才上,支持青年人才挑大梁、当主角。要一体推进教育发展、科技创新、人才培养,完善青年科技人才培养、引进、使用、合理流动的工作机制,把培育国家战略人才力量的政策重心放在青年科技人才上,给予他们更多的信任、更好的帮助、更有力的支持。

健全多元化人才投入机制。政府、市场和高校在青年科技人才的培养、引进、使用、合理流动等环节有着各自不同的定位与效用,

每一个人都是主角

要推动相关主体共同赋能青年科技人才培养，形成造就规模宏大的青年科技人才队伍的强大合力，全方位培养用好人才。要充分发挥政府主导作用，实施更加积极、更加开放、更加有效的人才政策，鼓励人才资源开发和人才引进，完善人才评价激励机制和服务保障体系，营造有利于人人皆可成才和青年科技人才脱颖而出的社会环境。要有效发挥市场机制作用，激发产业、行业和企业等根据各自发展需求助力青年科技人才成长成才的积极性主动性创造性，发挥经营主体在人才评价中的重要作用，推动青年科技人才向新兴产业和未来产业集聚，进一步提升青年科技人才引育与区域产业的匹配度，打造产业与人才相辅相成的良性循环。更好发挥高校重要作用，加快建设中国特色、世界一流的大学和优势学科，建立科技发展、国家战略需求牵引的学科设置调整机制和人才培养模式，超常布局急需学科专业，完善科技创新机制，着力加强创新能力培养，发挥人才济济、组织有序的优势，不断提升自主培养、吸引集聚高层次人才的能力。

深化人才发展体制机制改革。习近平总书记指出："科技创新靠人才，人才培养靠教育，教育、科技、人才内在一致、相互支撑。"深化人才发展体制机制改革是一项系统工程，需要国家、地方、高校、用人单位的联动互补、协同推进，着力建立既有中国特色又有国际竞争比较优势的人才发展体制机制。要制定更具指导性引领性的国家人才政策，创新人才培养、评价、流动、激励、引进、保障机制，加快形成具有国际竞争力的人才制度体系，为青年科技人才搭建干事创业的平台。给予地方更多人才自主权，推动各级地方政府在青年科技人才培养、引进、使用、合理流动等各个方面大胆创新，鼓励各地区立足实际、突出重点，面向人才反映强烈的实际问题，积极推动人才工作领域改革，制定配套措施，以政策突破促进体制机制创新，不断优化青年科技人才发展环境，激发青年科技人才创新活力。充分遵循教育规律、青年科技人才成长规律，深化高校办学体制、管理体制、经费投入体制、考试招生及就业制度等方面的改革，深化学校内部管理制度、人事薪酬制度、教学管理制度等方面的改革。根据实际需要向用人单位充分授权，推动用人单位增强服务意识和保障能力，建立有效的自我约束和外部监督机制，使各方面青年科技人才各得其所、尽展其长。

形成各类人才创造活力竞相迸发的生动局面。习近平总书记强调："要突出加强青年科技人才培养，对他们充分信任、放手使用、精心引导、热忱关怀，促使更多青年拔尖人才脱颖而出。"环境好，则人才聚、事业兴。形成各类人才创造活力竞相迸发的生动局面，就要培植好人才成长沃土。要增强服务意识，加强教育引导，搭建创新平台，最大限度调动青年科技人才创新创造积极性，为青年科技人才发展提供良好社会条件。大力弘扬科学家精神，对青年科技人才既在思想上进行引领，又在业务上开展"传帮带"，做到充分信任、放手使用、精心引导、热忱关怀，大胆使用青年科技人才参与国家重大科技任务、关键核心技术攻关和应急科技攻关，赋予青年科技人才更多担纲领衔、脱颖而出的机会。优化科技人才梯队结构，

每一个人都是主角

锚定加快培养造就一支规模宏大、结构合理、素质优良的创新型人才队伍目标，有意识地发现和培养更多具有战略科学家潜质的高层次复合型人才，加强前瞻性、梯度性人才布局，推动青年科技人才队伍结构持续优化、实现可持续发展，促使青年科技人才作用得到充分发挥。完善人才差异化评价和长周期支持机制，加快建立以创新价值、能力、贡献为导向的人才评价体系，充分发挥政策措施的支持作用，优化学术资源配置，拓宽青年科技人才成长通道，激励青年科技人才在实现高水平科技自立自强和建设科技强国、人才强国实践中建功立业。

《人民日报》（2025年02月24日 第09版）

激励青年书写青春华章

邓希泉

"青年者,国家之魂。"作为社会上最富活力、最具创造力的群体,青年的理想信念、精神状态、综合素质,关乎国家与民族的未来。习近平总书记指出:"过去、现在、将来青年工作都是党的工作中一项战略性工作。各级党委(党组)要倾注极大热忱研究青年成长规律和时代特点,拿出极大精力抓青年工作,做青年朋友的知心人、青年工作的热心人、青年群众的引路人。"我们应深刻认识新时代青年成长发展特点,以扎实的青年工作推动青年成才立业,引导他们在各领域各方面工作中争当排头兵和生力军,奋力书写为中国式现代化挺膺担当的青春篇章。

加强对青年的政治引领,把青年工作作为战略性工作抓实抓好。共青团是党的青年工作的重要力量。新时代共青团要顺应全面从严治党的要求，坚持为党育人根本职责，聚焦不断保持和增强政治性、先进性、群众性的目标方向，坚持问题导向，敢于刀刃向内，严于管团治团，进一步全面深化自身改革，始终成为引领中国青年思想进步的政治学校，始终成为组织中国青年永久奋斗的先锋力量，始终成为党联系青年最为牢固的桥梁纽带，始终成为紧跟党走在时代前列的先进组织。当前，青年一代依然是西方意识形态渗透的重点对象，党的青年工作的重要性和紧迫性日益凸显，必须加强对青年的政治引领。围绕中心、服务大局，为党尽责、为党分忧，巩固和扩大党执政的青年群众基础，是青年工作者和团干部的职责所在、使命所系。应站位高远，以赤诚之心干事创业，找准所处的历史方位和新时代的发展定位，加强对广大青年的理想信念教育，从政治上着眼、从思想上入手、从青年特点出发，帮助青年早立志、立大志，从内心深处厚植对党的信赖、对中国特色社会主义的信心、对马克思主义的信仰，以坚定的理想信念筑牢青年的精神之基；用党的科学理论武装青年，引导青年全面、系统、深入学习党的创新理论，掌握习近平新时代中国特色社会主义思想的核心要义、精神实质、丰富内涵、实践要求，努力掌握这一重要思想的世界观和方法论，善于运用贯穿其中的立场观点方法分析问题，深刻领悟和坚持贯彻党的基本理论、基本路线、基本方略。

以大历史观把握青年工作的主题和方向，充分激发新时代青年实干担当的历史使命感。习近平总书记指出："把党的中心任务作为中国青年运动和青年工作的主题和方向，这是一百多年来中国青年运动和青年工作的一条基本经验。"党旗所指就是团旗所向，党的奋斗主题就是中国青年运动的行动方向。党和人民事业发展离不开一代又一代有志青年的拼搏奉献。在革命、建设、改革各个历史时期，广大青年与党同心、紧跟党走，敢于拼搏、敢于斗争，攻坚克难、勇挑重担，为争取民族独立、人民解放和实现国家富强、人民幸福贡献了青春力量。以中国式现代化全面推进强国建设、民族复兴伟业，广大青年既是见证者、受益者，又是参与者、奉献者，新时代的中国青年，生逢其时、重任在肩。新征程上，如何更好把青年团结起来、组织起来、动员起来，以中国式现代化全面推进中华民族伟大复兴，是新时代中国青年运动和青年工作必须回答的重大课题。要高举爱国主义旗帜，以共同的信仰和理想、共同的目标和使命、共同的组织和行动为引领，把青年组织起来，发挥青年主体作用，激发澎湃的青春动能，引导青年听党话、跟党走，胸怀"国之大者"，将自己的人生理想融入国家和民族的事业中，更好推动社会发展和人类进步。

深入调查研究，了解新时代青年的急难愁盼问题，真正关注青年、关心青年、关爱青年。青年工作，抓住的是当下，传承的是根脉，面向的是未来，攸关党和国家的前途命运。习近平总书记指出："要自觉践行群众路线、树牢群众观点，同广大青年打成一片，做青年友，不做青年'官'，多为青年计，少为自己谋。"随着时代发展与社会变迁，青年群体结构愈加多元、思想愈加多变、需求愈加多样，青年成长过程出现许多新规律新特点，使新时代青年工作面临新的机遇和挑战。了解青年现状、把准青年需求，是做好党的青年工作的基础和前提，是党和政府科学制定青年发展政策和出台青年发展措施的必然要求。青年工作者和团干部只有认真践行党的群众路线，着力增强服务青年的本领，方能把青年紧紧凝聚在党的周围，挺立潮头引领青年。坚持工作重心下移，扑下身子深入青年，不断完善青年发展政策体系和工作机制，着力优化青年发展环境，更好满足青年的多样化、多层次发展需求；深入把握互联网规律，研究青年成长规律和时代特点，主动走近青年、倾听青年，了解青年思想动态、价值取向、行为特征、生活方式，不断创新方式方法，面对面、心贴心、实打实为青年做好服务工作；以青年为中心、让青年当主角、增进对青年的真挚感情，以欣赏和赞许的眼光看待青年的创新创造，积极支持他们在人生中出彩，为青年取得的成绩成就喝彩点赞；坚持关心厚爱和严格要求相统一、尊重规律和积极引领相统一，悉心教育引导青年，做青年成长成才的引路人。

《光明日报》（2024年12月02日　第06版）

马克思主义如何理解"幸福"

靳娇娇 张丽丽

习近平总书记在山东日照考察时指出,"老百姓的幸福生活是干出来的。"党的二十大报告指出:"为民造福是立党为公、执政为民的本质要求",强调要增进民生福祉,提高人民生活品质。那么,马克思主义是如何理解"幸福"的呢?

马克思主义理解的幸福是主观追求与客观创造的统一。在马克思之前,学者们对于幸福的理解大致可以分为两类:其一,将幸福理解为人的感性体验,强调感官快乐的感觉主义幸福观;其二,将幸福理解为人的精神愉悦,强调人的德性及内在追求的理性主义幸福观。马克思认为,"现实的人"是考察幸福生活的基点,幸福只能是现实的人的幸福。现实的人绝不仅是生物学意义上体现动物本能的人,为此马克思批判感觉主义的幸福观,指出一味"追求吃得好,喝得好"，而"毁掉了一切精神内容"，这是"粗鄙的"。现实的人也不是停留在理念层面上抽象的个人，所以马克思批判康德、黑格尔、费尔巴哈等人的幸福观，指出他们的幸福观是抽象精神的"设计"，在现实世界面前是软弱无力的。现实的人"作为在历史中行动的人"首先是有需要的人，有追求的人。人的主观需要与追求是获得幸福的内在动力，不断激发着人们的行动与实践去满足需要与追求。同时，任何需要与追求的满足都不能只停留在主观层面，必须面向客观现实，在现实中创造幸福。现实的人总是处在一定社会历史阶段中的人，这决定了人的任何创造都"不是随心所欲地"，"而是在直接碰到的、既定的、从过去承继下来的条件下创造"。所以马克思理解的幸福是人的主观追求与客观创造的统一，这种统一是如何实现的呢？马克思的回答是"实践"。在实践中，作为活动主体的人与作为客体的对象世界相互作用，一方面，世界在人的实践中成为"人化的"世界，人通过实践不断创造出满足人的生存发展所需的客观物质条件；另一方面，实践活动是人的本质力量的展现，在改造客观世界的过程中，人不仅使自己的需要得到了满足与发展，而且感受到主体存在的价值与意义。正是人的实践活动，现实地把人的主观追求与客观创造联结起来、统一起来，人们在创造性实践过程中不断获得幸福、累积幸福。这就是马克思主义强调的实践幸福观。

马克思主义理解的幸福是物质富足与精神富有的统一。实现人的自由全面发展是马克思主义的最高价值目标，也是马克思主义所理解的幸福的关键所在。人的幸福离不开丰富的物质生活基础，因为物质生活资料的生产是人类历史展开的前提。马克思指出:"当人们还不能使自己的吃喝住穿在质和量方面得到充分保证的时候,人们就根本不能获得解放",更不可能实现幸福,因此物质富足是幸福的基本条件。但是片面地、一味地追求物质和财富并不会带来人的幸福,反而会落入资本拜物教的深渊。资本主义生产力的发展虽然带来了物的丰富,但是在资本主义制度下"物的世界的增值同人的世界的贬值成正比",宰制一切的资本逻辑并没有带来大多数人的幸福,反而造成了人的异化和不幸。马克思指出工人在资本主义生产条件下的劳动是一种异化劳动,他们在劳动中"不是感到幸福,而是感到不幸,不是自由地发挥自己的体力和智力,而是使自己的肉体受折磨、精神遭摧残"。马克思批判资本主义社会中人沦为资本的附属品,受到资本的裹挟与支配,成为金钱与资本的奴隶。人的发展需要,被片面化、膨胀化为物质主义、金钱至上,丧失了对更高层次的精神需要及对丰富多彩生活的追求。马克思指明要破除资本拜物教的迷障,克服单一、片面的物质主义,将人从资本的异化中解放出来,实现"人的一切感觉和特性的彻底解放"。唯有如此才能真正展现人的主体性与创造性,彰显人的自由性与丰富性,实现人的真正充实的幸福。物质贫乏不是幸福,精神空虚也不是幸福。幸福是人的身心协调,既需要物质富足,也需要精神富有。这就是马克思主义追求的全面幸福观。

马克思主义理解的幸福是个人发展与社会进步的统一。人民性是马克思主义幸福观的根本立场和本质属性。马克思主义强调,要

每一个人都是主角

把个人的幸福同社会的进步、人类的解放紧紧结合起来，共产党人把为人民而奋斗作为自己最大的幸福。马克思在中学时就明确"经验赞美那些为大多数人带来幸福的人是最幸福的人"，立志选择"最能为人类而工作的职业"，认为只有这样我们所感到的才不是"可怜的、有限的、自私的乐趣，我们的幸福将属于千百万人"。马克思指出，"人的本质不是单个人所固有的抽象物，在其现实性上，它是一切社会关系的总和"。任何个人都不能离开社会而存在，个体幸福与人民幸福休戚与共，个人的自我价值必须在人民幸福的实现过程中得以体现和升华。所以马克思将实现全人类的自由与幸福作为自己毕生的追求，宣誓要"为绝大多数人谋利益"。面对家人如何理解幸福的提问，马克思的回答是"斗争"。为了实现人类的解放与幸福，马克思不断同生活的穷苦困顿、命运的颠沛流离作斗争，同旧阶级、旧制度、旧社会作斗争。正如恩格斯在马克思墓前的讲话中所说："斗争是他的生命要素。很少有人像他那样满腔热情、坚韧不拔和卓有成效地进行斗争"。马克思领导无产阶级革命运动反对一切不合理的社会制度，要求消除人的一切异化现象，在"摧毁一切的人民革命"中实现人的解放，直至实现共产主义。在未来的共产主义社会中，不仅个人获得解放和发展，完成了"对人的本质的真正占有"，而且"每个人的自由发展是一切人的自由发展的条件"，个人幸福与社会进步、人类发展实现统一。这就是马克思主义倡导的人民幸福观。

党的二十大擘画了全面建设社会主义现代化国家、以中国式现代化全面推进中华民族伟大复兴的宏伟蓝图，吹响了奋进新征程的时代号角。"幸福不会从天降"，前进道路上我们必须坚持马克思主义的实践幸福观，发扬斗争精神，勇于创新创造，依靠顽强斗争打开事业发展新天地。中国式现代化是物质文明和精神文明相协调的现代化，我们必须坚持马克思主义的全面幸福观，不断夯实人民幸福生活的物质条件，同时大力发展社会主义先进文化，促进物的全面丰富和人的全面发展。迈向现代化强国之路是实现全体人民共同富裕之路，我们必须坚持马克思主义的人民幸福观，把实现人民对美好生活的向往作为现代化建设的出发点和落脚点，着力促进全体人民共同富裕。同时，一个不断走向现代化的中国，将以中国式现代化推动人类整体进步，以中国新发展为世界带来新机遇，不断推动建设更加美好的世界，造福世界人民。

《学习时报》（2024 年 06 月 10 日　第 A3 版）

引导青年将个人发展融入国家发展

户国栋

"青年理想远大、信念坚定,是一个国家、一个民族无坚不摧的前进动力。"习近平总书记在纪念五四运动100周年大会上深情寄语当代青年,指明了青年成长成才的前进方向。青年一代有理想、有担当,国家就有前途,民族就有希望。青年是实现中华民族伟大复兴的先锋力量,如何引导青年将个人发展融入国家发展,是关系国家未来和民族命运的重大命题,需要解决好四个问题。

解决融入的动力问题,树立远大理想。爱国主义是民族精神的核心,是中华民族团结奋斗、自强不息的精神纽带。青年的人生理想与中华民族伟大复兴的中国梦紧密相连。在人生的关口,要引导青年走出"小格局",拥抱"大世界",把人生理想融入国家和民族的事业中,创造更广阔的天地。每个时代有每个时代的主题,每代青年有每代青年的使命。唯有引导青年聆听时代召唤、把握时代脉搏，才能够真正抓住发展机遇、实现人生价值。国家重大战略方向就是广大青年干事创业的最大"风口"。为实现中国梦而奋斗，既是时代赋予的历史使命，也是实现全面发展的最好舞台，要引导青年在国家事业赛道上找到最大平台，让青春在党和人民最需要的地方绽放绚丽之花。

解决融入的能力问题，练就过硬本领。马克思主义深刻揭示了自然界、人类社会、人类思维发展的普遍规律，是我们认识世界、把握规律、追求真理、改造世界的强大思想武器。当代青年更应加强理论学习，把个人发展建立在对科学理论的理性认同上，建立在对历史规律的正确认识上，建立在对基本国情的准确把握上。青年正处于增长才干的黄金时期，既要在课堂上学习真学问，也要在实践中锤炼真本领。在城镇乡野、田间地头读好国情书、基层书、群众书，是当代青年了解国情、理解时代的重要一课，也是青年扩大视野、深化认识、提升本领的关键一课。当今世界，各个国家间的综合国力竞争，归根结底是科技实力竞争，青年具有敏锐的观察力和判断力，是推动科技进步的关键力量。当代青年要立足时代前沿，把满腔热忱转化为创新创造的具体实践，坚持干创新的事、走创新的路，把关键核心技术掌握在自己手中。

解决融入的定力问题，矢志砥砺奋斗。初心易得，始终难守，一个人最难得的就是历经沧桑而初心不改、饱经风霜而本色依旧。没有一代代青年前赴后继、艰苦卓绝的接续奋斗，就没有中国特色社会主义新时代的今天，更不会有实现中华民族伟大复兴的明天。路虽远，行则将至；事虽难，做则必成。新时代的中国青年生逢其时也重任在肩，要继续用实干攻坚克难，不惧风吹雨打，不畏艰难险阻，敢于涉险滩，勤于补短板，善于解难题。

解决融入的张力问题，担当时代责任。习近平总书记2014年在北京大学师生座谈会上指出，青年的价值取向决定了未来整个社会的价值取向。对于青年来说，只要路对，就不怕路远，要明大德、守公德、严私德，坚定不移地沿着"向上、向善"的人生轨道成长。青年一代是实现中国梦的伟大历史进程中最有生气、最具闯劲、最少保守的逐梦者和追梦人。要引导青年保持初生牛犊不怕虎、越是艰险越向前的刚健勇毅，勇立时代潮头，争做时代先锋。青年融入国家发展大局，不能千篇一律，而要因地制宜。从扶贫济困到乡村振兴，从科技创新到产业升级，都为青年提供了安身立命、建功立业的舞台。要引导广大青年立足自身实际、立足工作岗位、立足国情时局，扎根中国大地，绽放独特的青春风采。

新时代新征程，青年是中国现代化建设的生力军、主力军，是实现伟大中国梦的造景者、圆梦人，更需切实将个人发展融入国家发展大局，在以中国式现代化全面推进强国建设、民族复兴伟业的伟大征程中贡献青春力量、实现人生价值。

《学习时报》（2024年08月23日 第A6版）